# 行政×デザイン実践ガイド

官民連携に向けた協働のデザイン入門

中山郁英

行政×デザイン　実践ガイド

# 目次

## 第2章 どのように行政がデザインを実践できるのか 74

Part 2
# 実践編

# はじめに

本書は、デザインの考え方やそこで培われてきた手法を、どうすれば行政という特殊な組織で活用できるのか、その方法や考え方について解説した本です。

また、そもそもなぜ行政でデザインが注目されているのかという背景や、そこで使われる「デザイン」とは何を意味するのかといったことについて、デザインという言葉に馴染みのない方にとってもなるべくわかりやすいようにお話ししています。

「デザイン」という言葉は、誤解を受けやすい言葉のように思います。どこかキラキラした華やかなイメージがあって、近づきがたい印象をお持ちの方もおられるかもしれません。ましてや、行政というお堅い組織とはなおさら縁遠いもの。そのような声をこれまでたくさん聞いてきました。

一方、海外に目を向けてみると、欧米を中心に、行政組織や公的機関におけるデザイン手法の活用について実践や研究が進んでいます。欧米だけでなく、南米やアジアの国々でも取り組みが広がり、そしてもちろん日本でも試みが始まっています。２０１０年あたりからは論文や書籍が出版されるようになり、実践的なレポートやガイドも多数公開されています。しかしながら、日本語で参照できるものはまだあまり多くありません。

世の中の移り変わりが激しく、市民の生活環境やライフスタイルも多様化し、前例踏襲や付け足し型での課題解決が機能しなくなってきた現代社会において、公共的な課題に立ち向かう行政組織だからこそ、デザインという考え方やそこで用いられる手法が有効に活用できる可能性が多くあります。

とはいえ、デザインは魔法ではありません。泥臭い、小さな行動の積み重ねから、未来の道を切り開いていくものです。デザインという言葉の誤解を解きほぐしつつ、組織内外でデザインが共通言語として機能するようになることを目標に、本書を執筆しました。

私は、デザイン学の視点から「行政によるデザインの実践」をテーマに研究をしており、おそらく日本では初めてそのようなテーマで博士号を取得した者だと思います（この研究分野に興味を持った理由は「おわりに」に書いています）。ずっと研究者として生きてきたわけではなく、民間企業や大学での勤務を経て、近年は出身地である滋賀県長浜市を拠点に行政や地域の方と地域づくりや産業振興、教育など幅広いテーマでデザインの実践を行ってきました。本書は、その研究と実践経験を踏まえて書いたものです。

## 本書の対象読者

本書の読者としてまず想定するのは、地域社会をより良いものにしようと日々奮闘されている行政職員の方です。本書を手にとってくださった方は、「デザイン」というものに多少なりとも可能性を感じてくださっているのだと思います。そのような方が、考え方や知識を蓄え、具体的に一歩踏み出せるような内容にしています。

また、デザインにまったく馴染みのない同僚や上司の方にも紹介してもらえるよう、内容が柔らかすぎずまた堅すぎないようバランスに配慮しました。巻末にはさらに深く学べるようにおすすめ書籍もピックアップしてご紹介しています。

加えて、行政組織と直接仕事をするデザイナーの方や民間企業の方、また一市民として身近な地域の課題解決に関わったり興味関心をお持ちの方にも読んでいただけるような内容を目指しました。公共的な課題をテーマに活動をしていると、自ずと行政と関わる機会が出てきます。これまで行政と一緒に活動をしていて疑問に思ったり、もっとこうだったらいいのにと思われたことも多くあるのではないかと思います。その一部は、デザインという視点から紐解くことで前進する部分があるはずです。

また、公共的課題をテーマとした活動に興味があるデザインを専攻する学生の方にもぜひ読んでいただきたいと思っています。その力が発揮できる場面は思っているよりも多くあるはずです。論文やレポート作成の助けにもなるよう、なるべく参考文献を示すようにしました。

## 本書の構成

本書は、2つのパートと4つの章からなります。自分に必要だと思われる部分から読んでいただければと思いますが、順番としては大きな考え方（1章、2章）から具体的な実践（3章、4章）につながる流れとなるよう構成しています。それぞれの章でどのようなことが書かれているか、簡単に解説します。

まず第1章では、「どうして行政にデザインが必要なのか」ということを大きなテーマに、そもそもデザインとは何かということから、そこで大切にされる概念、行政でデザインが注目される背景について解説しています。ここから読んでいただくと、行政組織によるデザイン実践というものの大きな見取り図を持つことができるのではないかと思います。

次に第2章では、政策立案と実施にデザイン手法をどのように活用できる可能性があるか、またそれを支える市民協働や仕組みについて、主に行政側の視点から検討をしています。

行政職員でない方でも、本章を読んでいただくことで、政策とは何で、どのようにつくられ実施されるのかということがご理解いただけると思います。

デザインでは、実際に行動することが大事にされます。第3章では、「実際にやってみよう」ということで、具体的にデザイン手法をどのように活用できるのか、どんな時にどんな手法を活用すべきか、まず知っておくべき手法はどのようなものがあるか、といったことについて記載しています。読めば、自分にもできるかも、やってみようかな、と思っていただける内容になっているはずです。

そして最後の第4章です。デザインという新しく感じられるものを行政組織で実践する際には難しさもあります。実践するうえで気をつけるべき点や、その難しさを乗り越えていくための方策について、よく聞かれる質問をきっかけとして検討しています。これから始めるというときに留意してもらえることも多くありますし、すでに実践を試みているという方にとってもプロジェクトを前に進める参考になる部分があるでしょう。

今ご自身が携わっている事業や活動と照らし合わせながら、また、こんなことができるんじゃないかと妄想を膨らませながら、読んでいただければと思います。

どこから読み進めるか、準備はよいでしょうか。では、始めましょう。

# 準備編

Part 1

このパート1「準備編」では、
実践に入っていく前に、

第1章
**そもそもなぜ行政にデザインが必要なのか**

第2章
**そしてどのように行政がデザインを実践できるのか**

について、噛み砕いてお話していきます。

# 第1章

# どうして行政にデザインが必要なのか

# 1-1 そもそもデザインとは何か

「行政とデザイン」という言葉を聞いて、どのような印象を持たれるでしょうか。以前ある市役所で働く職員さんから、「正反対の言葉ですね」という感想をいただいたこともあります。本章では、なぜ中央省庁や地方自治体といった行政組織にデザインが必要なのか、その背景についてお話しします。

「デザイン」という言葉にどこか惹かれるものがあって、この本を手にとってくださった方も多いのではないかと思います。ではまず、本書で言う「デザイン」とは何を意味するのかというところからスタートすることにしましょう。

## デザインとはチラシをつくること？

「デザイン」という言葉を聞いて、何を思い浮かべるでしょうか。

イベントのチラシやポスター、家具や家電といったインテリアなどをイメージする方が多いのではないでしょうか。

もちろん、それらはデザインされたものです。では、デザインされたそのようなモノたちにどのような共通点があるか考えてみましょう。

チラシであれば、目を引くような色使いや、重要な日付などが目立つような情報配置、イメージが伝わる写真やイラストの使用といった工夫がされていることに気づくでしょう。家具、たとえばイスであれば、集中時とリラックス時の両方の場面に対応できるような背もたれや、触り心地のよい曲線、生活空間に馴染む色合いなど、少し目を凝らしてみるとさまざまな工夫がされていることがわかります。

このような工夫は、**それを制作した人が、ある種の目的のもと、それを見る人や使う人のことを考え、意図や配慮を持ってそのようにしている**ことです。

そして、このような工夫、意図、配慮が行われているのは、物理的なモノに限りません。たとえば人と人、人と空間との関係性から生まれるサービスを例にとれば、カフェでの気持ちの良い接客や、スーパーでのスムーズな買い物導線、病院の受付での案内など、受け手の視点に立って工夫がなされているサービスは身の回りにたくさんあります。また、もっと大きく言えば、さまざまな価値の連鎖から生まれるビジネスモデルや、法律や条例のような地域社会のルールといった社会システムも、それに関わる人々の視点を踏まえ、工夫、意図、配慮が込められています。

このように、**人が何かしら意図を持って人工的につくったものは「デザインされている」**

と言えます。

デザインの定義について最も広く引用されているであろう言葉は、実はデザイナーによるものではなく、ノーベル経済学賞を受賞した経験もある経営学者ハーバート・サイモンによるものでしょう。

そのサイモンによるデザインの定義は、「**現状をより好ましいものに変えるべく行為の道筋を考案するものは、だれしもデザイン活動をしている**」というものです［1］。

これは、直訳すると「人工物の科学（Science of Artificial）」というタイトルの本（日本語版タイトルは『システムの科学』）の中で述べられている一節です。同書の中でサイモンは、先ほど例でお話したことと同じように、「物的な人工物を作りだす知的活動は、基本的には、病人のために薬剤を処方する活動や、会社のために新規の販売計画を立案し、あるいは国家のために社会の福祉政策を立案する活動となんら異なることはない」と述べています［2］。

また、イタリアのデザイン研究者であるエツィオ・マンズィーニは、**デザインには問題解決（problem-solving）と意味形成（sense-making）の2つの目的がある**と述べています［3］。

問題解決とは、「**ある目的や機能を果たすためにものごとがどうあるべきか**」という問いに答えるもので、論理的なプロセスです。一方、意味形成は、「**どのような意味や性質においてそのものごとが望ましいと言えるのか**」という問いに答えるものであり、新たな価値の提案を行うものとされます。

先ほどのサイモンの言葉を借りれば、問題解決とは「目的を達成するための道筋を考案すること」であり、意味形成とは「より好ましい状態とは何か」という目的や方向性そのものを提案する行為であると言えるでしょう。

マンズィーニは、デザインが単に問題を解決する行為ととられることを危惧し、問題解決と意味形成のバランスをとりながら新たな価値を創出する重要性を指摘しています。

## 広がるデザインの対象

もとよりこのように広い意味を持つ「デザイン」という言葉ですが、近年まではチラシなどの視覚的表現をつくるグラフィックデザインや、家具などの立体物をつくるインダストリアルデザインといった分野での実践や研究が主なものでした。

そこから、コンピュータの出現・普及により、人とモノのやりとりをどうかたちづくるかという「インタラクションデザイン」といわれる分野が発展しました。また第三次産業の広がりによってサービス・マーケティングといわれる実践研究領域が進展し、そこから「サービスをデザインする」という考え方も生まれてきました。さらにそれだけでなく、ビジネスモデルや社会システム、政策自体をデザインの対象物として捉えようという動きが今日まで広がってきています[4]（図1）。

このように**デザインの対象とするものが広がるにつれて、デザインの考え方や道具という**

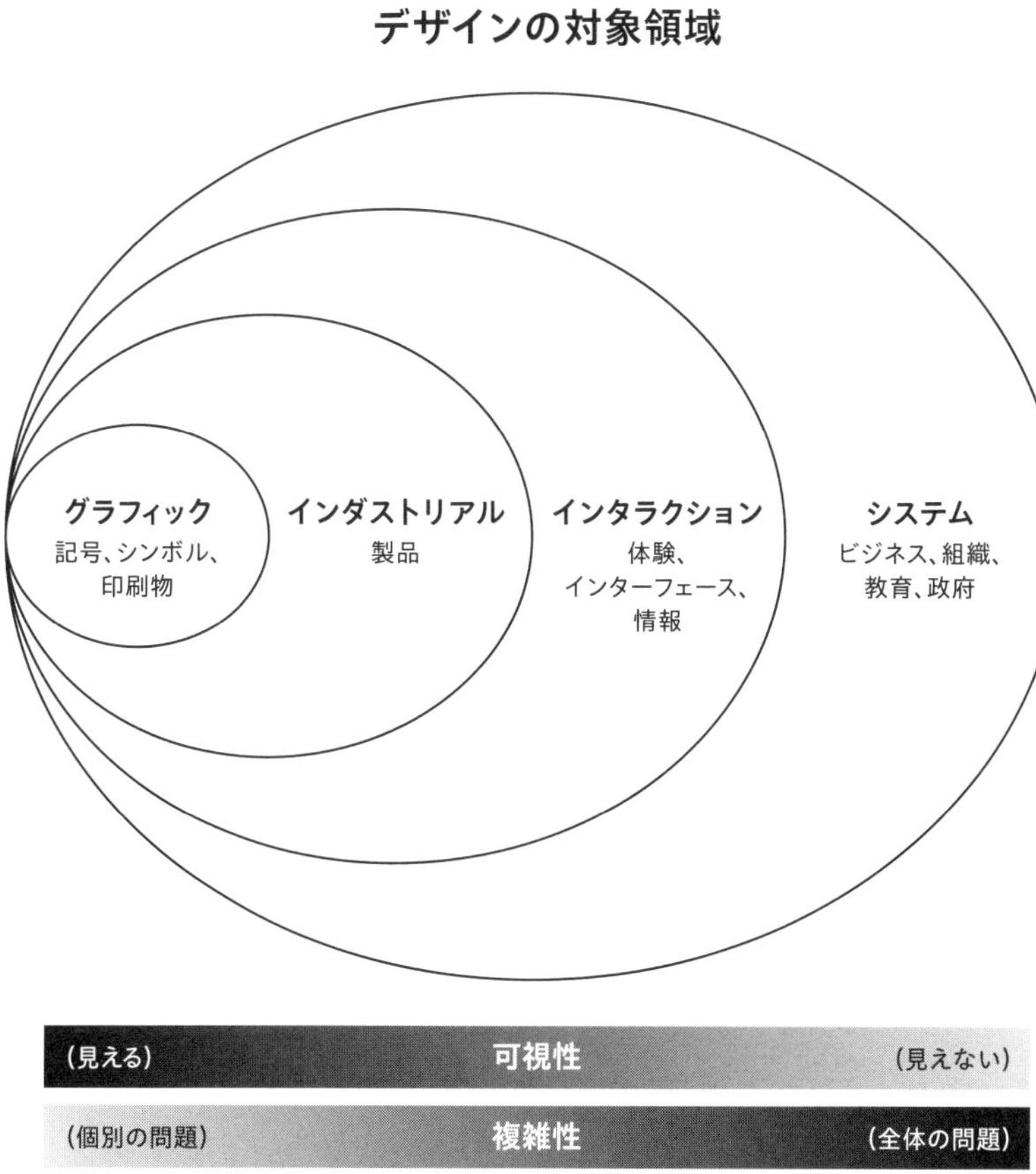


図1 デザインの対象領域（経済産業省「デザイン政策ハンドブック2020」を参考に作成）

**ものの適応範囲も広がっています。**

たとえば、絵を描くときにペンや定規を使うように、サービスをつくるときにはそれをしやすくするための道具（ツール）があります。詳細は後ほど説明しますが（P.42）、代表的なものとしては、調査を踏まえて作成する仮想の人物像である「ペルソナ」や、ユーザーの体験を時系列で可視化する「ジャーニーマップ」、サービスの受け手だけでなく、それを提供するスタッフや関係するものまで含めて整理する「ステークホルダーマップ」といったものがあります。これらのツールは、目に見えないサービスをデザインするときのペンや定規のようなものと言えます。

## デザインは探索的・反復的に行われる

また、デザインとは探索的な活動であると言われます。図2を見てください。こちらはデザインのプロセスを表現したものとして有名な「デザイン・スクイグル」と呼ばれるものです[5]。

プロセス前段のぐるぐるとした部分は、デザインの具体的な成果物を制作する前に、解くべき課題や目標を定義をしたり、そこに至る方針・コンセプトを作っていく段階です。この図からもわかるように、この時点ではさまざまな情報を集め、それの意味するところを解釈し、そこからさらに調査を行うなど、さまざまな活動を行ったり来たりしながら徐々に議論を収束させていきます。この部分のことは「ファジー・フロント・エンド（Fuzzy Front End）」と呼ばれたりもします。そこから、具体的なアイデアを考えたりそれを試してみるプロトタイピングといった部分に進むにつれて、最終的な成果物に落とし込まれていくという流れです。

最終的に一つの成果物に落とし込むという点ではロジカルシンキングと同様ですが、そこに至るまでのプロセスが一直線ではなく、**行ったり来たり反復しながら進む**ということが明快に表現されています。そして実際には、いったん成果物が完成しても、そこが新たな起点となり次のサイクルが始まっていきます。

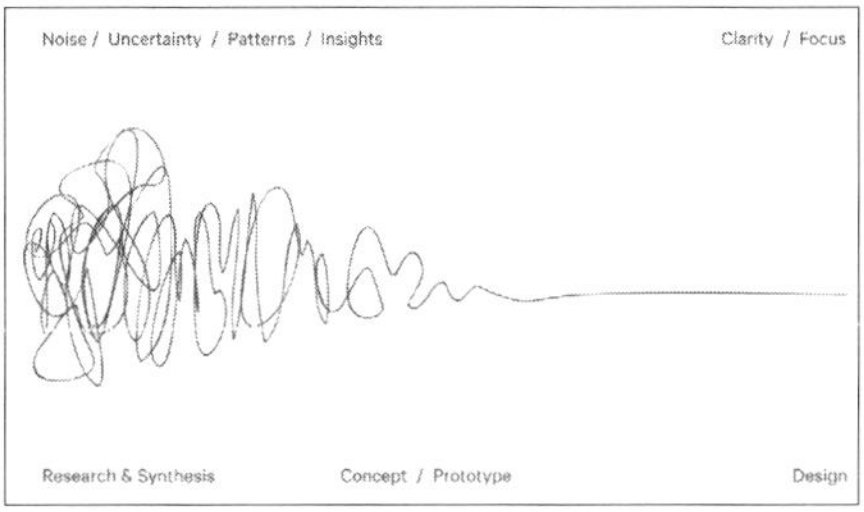


図2　デザイン・スクイグル

## フレーミングとリフレーミング：ものの見方とその捉え直し

デザインを行ううえで重要な概念として「**フレーミング**」と「**リフレーミング**」というものがあります。

フレームとは「枠」や「骨組み」という意味で、**フレーミングとはその「枠組みをつくる」ということ**です。つまり、物事をどのように理解するか、捉えるか、見立てるか、ということです。言い換えれば、**目的や課題の設定**と言ってもよいでしょう。目的や課題が変われば、その到達方法や解決方法も自ずと変わってくるため、どのようなフレームを設定するかということは重要です。

そして、**既存のものの見方を違う視点から捉え直すことを「リフレーミング」**といいます。たとえばマーケティングの世界では「お客様が本当に欲しいのはドリルではなく、そのドリルで空ける穴である」という有名な言葉があります。これは、お客様にとっての価値という視点から売っているものを捉え直している、と言えるでしょう。

もう一つ有名な話として、「エレベーターの長い待ち時間を解決するために、エレベーターの前に鏡を置いた」という話があります。エレベーターを待つ人は、鏡が置かれたことで身だしなみのチェックなどを行うようになりました。待ち時間は変わっていないにもかかわらず、その時間を「待ち時間」として認識しなくなりクレームが減った、という話です。これは「エレベーターの待ち時間が長い」という課題に対して、「どうすればエレベーターを効率的に動かせるか」という直接的な課題設定をするのではなく、「どうすればその待ち時間を有意義な時間に変えることができるか」という課題の捉え直し（＝リフレーミング）をしたことで解決策を考えた事例です。

よいデザインと言われるものを見ていくと、リフレーミングがうまくなされていることが多くあります。**デザインを行うプロセスでは、このリフレーミングが「どのような問いを立てるか」というかたちで現れます**。たとえば、アイデア創出を行う前に「どうすれば◯◯を××できるだろうか？」といった質問形式の文章を複数つくり、その中からちょうどよさそうなものを選び、それを達成するためのアイデア出しが行われます。この「問い」というフレーム設定は、「どのような成果物をつくるか」ということに直接結びつきます。解決策を検討できる範囲が大きい場合は大きめの問いを、逆に制約が多い場合は小さめの問いを設定するなど、検討幅の大小やプロセスの進み具合によって適切な問いを設定することが大切になります。

このように、**課題を違う視点から捉え直す（＝リフレーミングする）ことで、その解決方法には無数の可能性が生まれます**。「創造的な課題解決」のためには、課題をうまくリフレーミングできるかどうかがカギとも言えるでしょう。

そのように課題のリフレーミングを行うため、デザインのプロセスでは、調査を実施し、そこから新たな発見を導き出すことや、新たな問いというかたちで解くべき課題を定義することを大事にするのです。

1-2

# デザインはデザイナーだけがするものではない

さて、これまで「デザインとは何か」ということについてお話してきました。ここまで読んでもうお気づきかと思いますが、サイモンの言う**「現状をより良くしようとする行動」はデザイナーと呼ばれる職業の人だけが行っていることではありません**。たとえば来客があるときに花を飾ったり、質問対応のマニュアルをつくるといった行為もデザインであると言えます。人はデザインという言葉を使わずとも実はデザインを行っているのです。

## 広がるデザインの考え方

このデザインという行動を意識的によりよく行うため、**デザインの専門家である職業人としてのデザイナーの行動を形式化したものが、「デザイン思考」と呼ばれるデザインの考え方**です。

そのようなデザインの考え方で有名なものは、英国デザインカウンシルが2004年に公表した「ダブルダイヤモンド」モデルが挙げられます[6]（図3）。

これは、デザイナーがどのような思考でデザインを実践しているかという調査をもとに、その思考プロセスを形式化したものです。このモデルでは、デザインのプロセスが**「課題の定義」とその「解決方法の策定」の2つの異なる段階に分かれていること**、また、それぞれの段階において、**調査や実験などを通して検討のための情報を集める「拡散」思考と、集めた情報を統合し、選択肢を絞り込んでいく「収束」思考の2つのモードがあること**が示されます。

これはあくまでデザイナーの思考プロセスを単純化しわかりやすくしたものであり、実際にはこれらが順を追って直線的に進むのではなく、さきほど図2の「デザイン・スクイグル」で示したように、これらの段階を行きつ戻りつしながら進むことになります。重要なのは、このように異なる段階があり、**自分たちが今どの段階にいるのか意識し、関係者で共通認識を持つこと**です。

他にも、デザインの考え方として有名なものに、米国ス

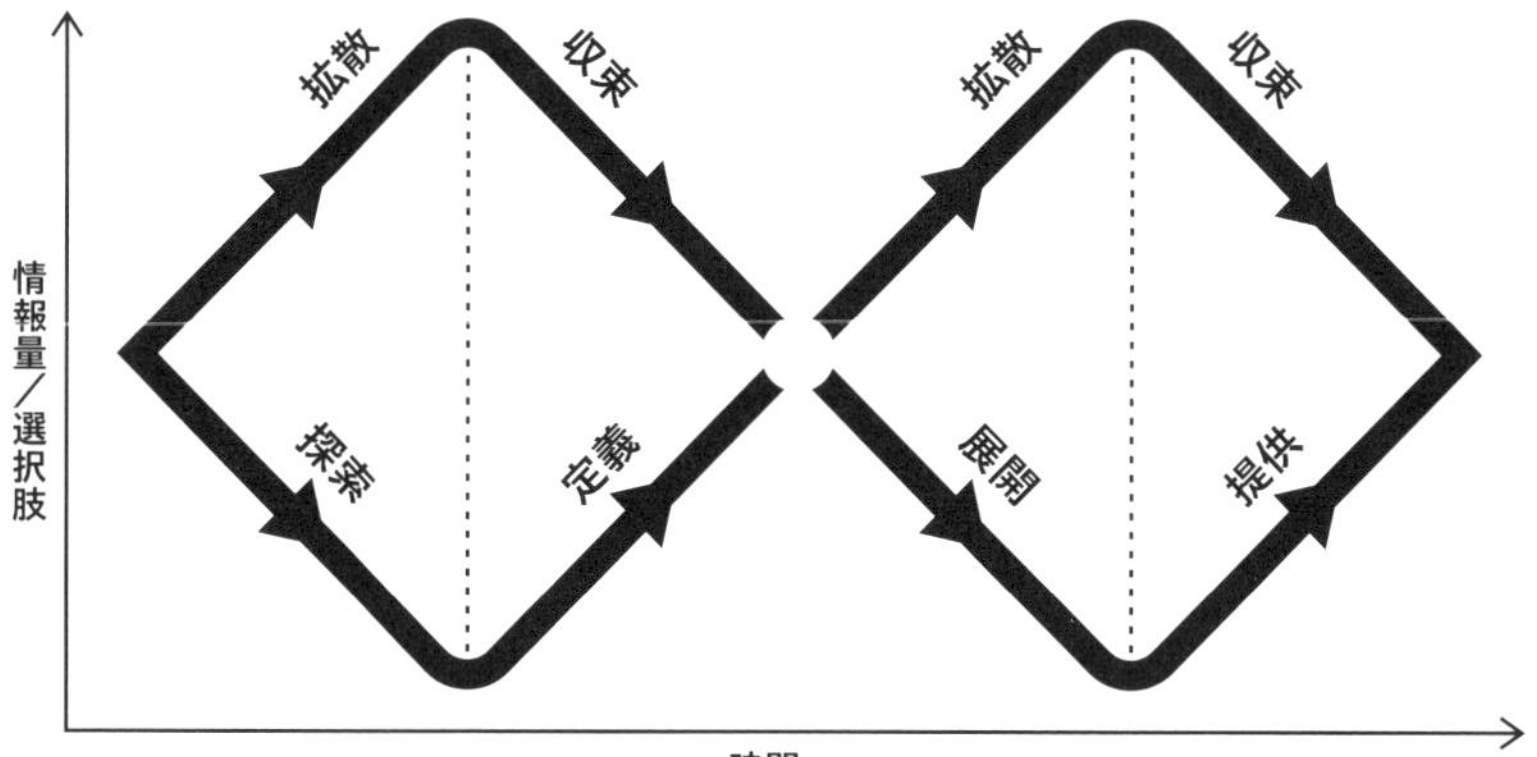


図3　初期のダブルダイヤモンドモデル

タンフォード大学のd.schoolが提示したデザイン思考の5ステップモデルがあります[7]。このモデルでは、**❶共感**、**❷定義**、**❸アイデア創出**、**❹プロトタイプ**、**❺テスト**、の5つの段階が示されており、これらの段階を反復しながら最終的な成果物を作成します。

こうした「デザイン思考」や「デザインアプローチ」と呼ばれるものは多数ありますが、共通する重要な要素として、**行動、共感／没入、統合、反復、可視化／構造化**の5つが挙げられます。

**❶行動**

「行動」とは、実際に現場に足を運んで話を聞いたり、何かプロトタイプをつくったりと、実際に自分がアクションを起こすことです。デザイン「思考」と名がついていますが、**デザインのプロセスにおいて、考えているだけで何も行動をしないということはありません。**行動をするからこそ、それに対する反応があり、そこで得られる情報から学習することでさらにプロセスを前に進めることができます。

**❷共感／没入**

「共感」とは、デザインされたものの受け手や関係者がどのような価値観を持って行動や判断をしているかを大切にし、相手の気持ちに寄り添うということです。言い換えれば、「**相手の視点から物事や状況を見る**」とも言えるでしょう。自身の先入観や常識というものを脇において、その人はどう考えているのかを理解しようとすることが大切です。そのために、相手の話や環境などを注意深く観察し、没入することで、見ているものの理解をより鮮明にしようとします。

行政職員としてデザインを実践する場合、それは基本的に市民など自分以外の誰かのために行う行為です。その相手の立場から物事を見れるからこそ、核心をついた問題定義や受け入れられやすい解決策を検討することができるようになります。

### ❸統合

「統合」とは、集めた情報から単純に取捨選択するのではなく、それらの中から**新たな共通項を発見したり、それらを土台にして新しいコンセプトやアイデアを創出すること**です。調査で発見した洞察自体が既に新しいということもありますが、洞察が組み合わされることにより、これまで気づかなかった領域に気づけるということがあります。また、同じ物事を見ていても、人によってその捉え方は異なります。統合のプロセスには多様なメンバーが参加したほうがよいと言われるのはこのためです。

### ❹反復

「反復」とは、デザインの成果物をつくるプロセスで実施される調査や課題定義、アイデア創出、プロトタイピングといったさまざまな活動を、一度行って終了にするのではなく、行ったり来たりしながら検討を深めていくということです。やってみる前にすべてを予見し計画することはできません。**実行することから学び、その学びを活かす**ということをプロセスの中で行います。そのため、それぞれの活動でその成果を振り返り、何を学んだかを確認していく必要があります。

## ❺可視化／構造化

「可視化／構造化」とは、調査結果や創出したアイデアなどを目に見えるかたちで整理したり、図を使って関係性を表したりすることです。**デザインプロセスは調査結果など具体的な情報と、それらを統合したコンセプトなど抽象的な概念を往復しながら進められます**。そのような思考の操作をしやすくするために、**情報を可視化し構造化すること**が重要です。ワークショップで付箋紙がよく使われることを不思議に思われる方もいるかもしれませんが、それも可視化や構造化をしやすくする一種の方法と言えます。また、アイデアを伝えるためにイラストを描いたり、立てた仮説を検証するためにプロトタイプをつくるのもこの一例と言えます。

## 誰しもデザインする力を持っている

先ほど紹介した、デザイン研究者であり「ソーシャルイノベーションのためのデザイン（Design for Social Innovation）」と呼ばれる分野で活躍するマンズィーニは、デザインには、**デザインの専門教育を受けた専門家によるデザイン（expert design）**と、**非専門家が行う「広がった」デザイン（diffuse design）**の2つがあるといいます[8]。これはスポーツや音楽と同じように、デザインという行為は誰もが行うことができるものであり、その中の一部の人がプロフェッショナルとして活動するということです。

この考え方の背景として、マンズィーニは経済学者アマルティア・センを参照しつつ、誰もがデザインする潜在能力（design capability）をもっており、生まれつき以下の3つのような**デザイン能力（design capacity）**を持ちあわせていると述べます[9]。

- **批評性：現在機能していない人工物（デザイン）を見つける能力**
- **創造性：現在と異なる未来の人工物（デザイン）を想像する能力**
- **現実性：実現可能な代替案をつくる能力**

このような、**誰もがもつデザイン能力を引き出すことこそが、多様な利害関係者が関わるソーシャルイノベーションを生み出すために必要**であると述べています。また、その際にデザインの専門家は、自ら成果物をつくるだけでなく、コーディネーターとして方法論を開発したり、議論の先導役を担うことが求められることも指摘されています。

## 慣習モードとデザインモード

これは、マンズィーニの提唱する社会観である「デザインモード」にも大きく関わっています。少し話が込み入ってきますが、行政組織によるデザイン実践が求められる背景につながる部分ですので、ここで触れておきたいと思います。

マンズィーニは、それぞれの時代における社会は2つのモードがあると言います[10]。

1つ目は、過去の歴史やこれまでの慣習に沿って行動する「慣習モード（conventional mode）」です。これは比較的安定した社会で、すでに確立されている制度や仕組みがうまく機能しており、人々はそれに従って行動すればよいという社会です。

そしてもう1つは、社会環境の変化が激しく、これまでに経験したことのないような出来事や課題が頻繁に発生する「デザインモード（design mode）」です。VUCA[11]の世界と言い換えてもよいこのような社会環境では、伝統や慣習の力が弱まり、新たな選択肢や可能性が求められるようになります。このデザインモードの時代にこそデザインが必要であるとマンズィーニは言います。

この2つの社会観は、「モード」という言葉が使われているように、2つの完全に異なったものがあるというわけでなく、時代に合わせてその比重や現れ方に違いが出るというものです。

そして、そのデザインモードにおけるデザイン実践の形式を類型化したものが、「デザインモードマップ」です（図4）。

デザインモードマップでは、横軸に、デザインを行う目的の指向性として問題解決（problem solving）と意味形成（sense making）の極、また縦軸に、デザインを行う主体の指向性として先ほどの専門家によるデザイン（expert design）と非専門家が行う「広がった」デザイン（diffuse design）の極をとります。

デザインの目的と主体の指向性をそれぞれ横軸と縦軸にとることで、デザインモードマップがかたちづくられます。それぞれの象限には以下の名前が付けられています。

- 草の根的組織
- 文化的アクティビスト
- デザインとコミュニケーションの代理組織

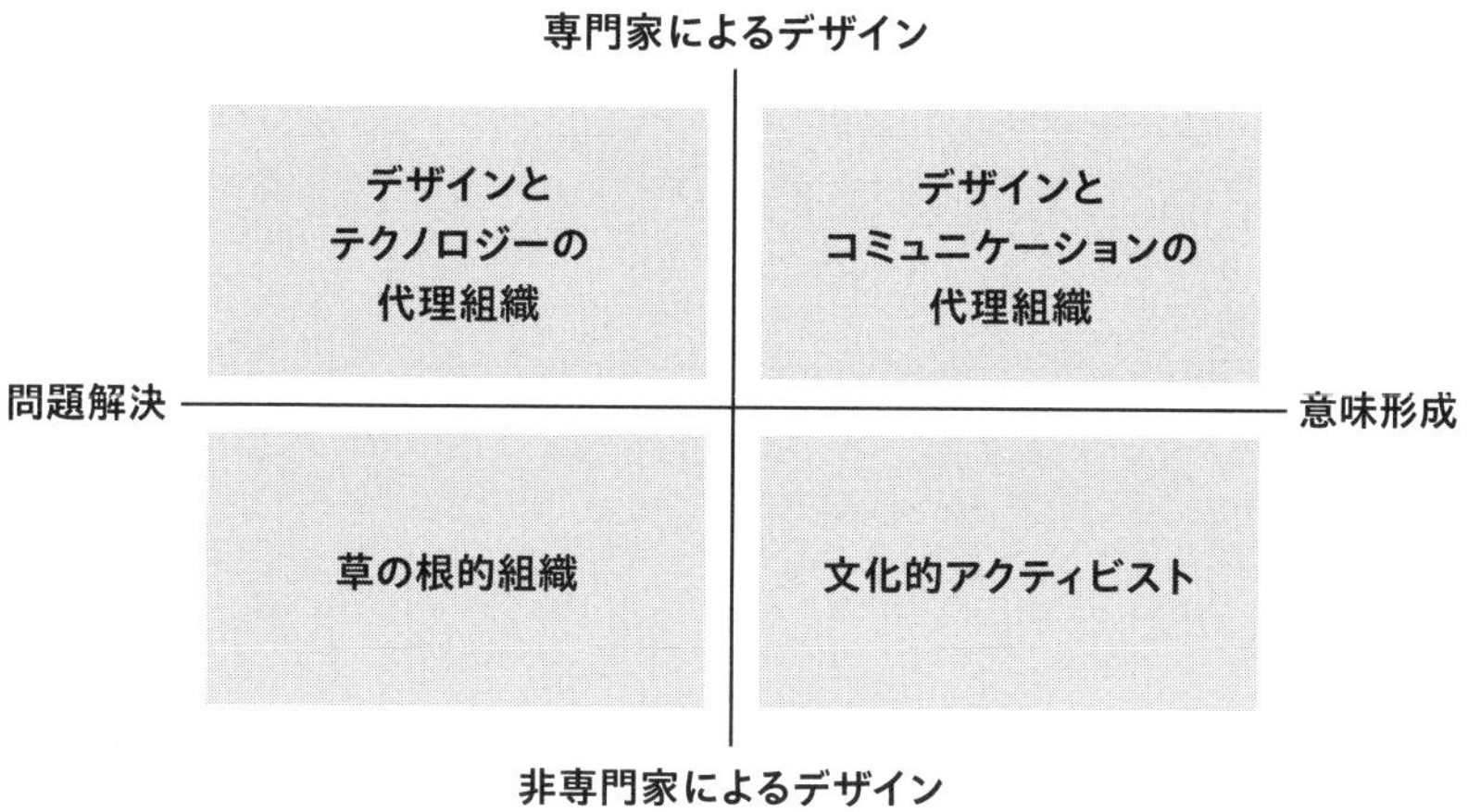


図4　マンズィーニによるデザインモードマップ

- デザインとテクノロジーの代理組織

それぞれの詳細はここでは割愛しますが、デザイン研究者の上平崇仁は、専門家だけでない非専門家まで広がるデザインの領域が、同等の重みを持つものとして並列に扱われていることが極めて重要であると指摘しています[12]。

つまり、専門家としてのデザイナーだけでなく、**誰もが自身の持つデザイン能力を発揮することを求められているのが今**なのです。

## 当事者と一緒にデザインする

デザインをするうえで、そのデザインを届けたい対象者（ユーザー）をどのように位置づけるのかということも重要です。

デザインプロセスでは、ユーザーのことをよく理解するため調査をするという段階（「ユーザーリサーチ」と呼ばれたりもします）がありますが、この場合ユーザーは調査対象として、リサーチャーやデザイナーとは少し距離をおいた存在として扱われます。

一方、デザインの対象者と共にデザインする「コ・デザイン」の考え方では、**ユーザーはリサーチャーやデザイナーと共にテーブルを囲んで議論しながらプロトタイプをつくる共同**

**設計者（コ・デザイナー）**という存在として捉えられます[13]（図5）。

コ・デザインに関する研究者のリズ・サンダースは、「ユーザーは自らの経験をもって、その領域に関する専門家である」と述べます。デザインの考え方においては「共感」が重要であることを先述しましたが（P.30）、ユーザー自身が参加することで、よりその実情に即した検討が可能になります。

とは言うものの、ユーザーは必ずしもその経験を表現することが得意ではありませんし、自身の価値観や行動に自分でも気づいていないことがあります。そのため、一緒にデザインすることがうまくいくよう、その進め方には工夫が必要です。

また、コ・デザインをすることが大切である理由のひとつに、**デザインの継続性**というものがあります。デザインされたものは、それがユーザーに届き、使われていくなかで初めて価値を持ちます。何かしらの目的を持ってデザインされたものは、社会環境や置かれた状況が変化することに合わせて、それ自体も変化していかねばなりません。**デザイナーの手を離れた物事がその後もうまく働き続けるためには、その使い手によって継続的に修正やメンテナンスがされていかねばならない**のです。デザインの段階からその使い手が加

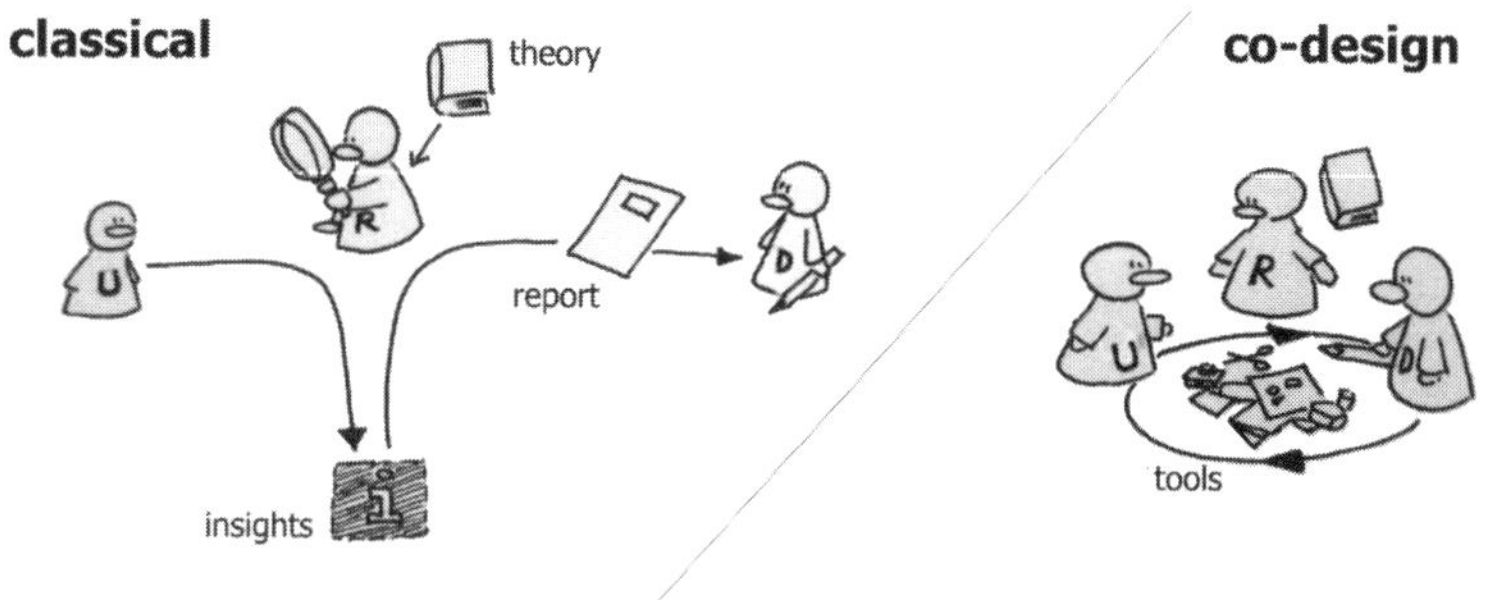


図5 伝統的なデザインとコ・デザインの違い

わることで、そこでつくられた物事の背景や大切にしたい事柄が受け継がれ、物事に対して愛着も生まれます。一緒にデザインすることで、そのような効果も期待することができるのです。

情報デザイン分野の実践において先駆的な存在である渡辺保史は、「**わたしたちごと**」としてデザインする重要性を述べています[14]。つくることに参加することで、その物事が気になり、もっと良くしたいという気持ちが湧いてくるということも見逃せない点でしょう。

## 当事者自身によるデザイン

一緒につくることからさらに進んで、「当事者自身によるデザイン」について、ユーザー中心デザインやコ・デザインと対比し、上平は次のような表としてまとめています[15]（表1）。デザインのキーワードとして「**エンパワーメント（Empowerment／力を与える）**」という言葉が挙げられており、デザイナーの役割もそのためのコーチングをする存在とされます。デザイン専門家に求められる能力も幅広くなっていくことが見てとれます。

| Design, | for User | with People | by Ourselves |
|---|---|---|---|
| | ユーザ中心のデザイン | CoDesign | |
| | | 当事者（と共に）デザイン ▶ | 当事者（による）デザイン |
| | 開発者ではなく、「ユーザ」個の視点にたってデザインする | 受け身なユーザではなくパートナーとして人々と協働してデザインする | 問題の当事者たちが自分自身で、学びながらデザインしていく |
| キーワード | User Experience | Partnership | Empowerment |
| 持続性 | 優先されない（ことが多い） | 考慮する | 前提である |
| ミッション | 満足される品質を提供 | 適材適所／相乗効果 | 主体的な実践 |
| デザイナーの役割 | プロとして最適解を出す | コミュニティを先導する | コーチング |
| 人々の役割 | 消費する者、お客様 | デザインのパートナー | 創造する生活者 |
| 人間観 | 人は「変わらない」存在（例：ペルソナ） | 関わりあいの中で学び合う存在 | 学びつづけ、変わりつづける存在 |

Expert mindset ／ Democratic mindset

ビジネスとして確立（発注／受託） ／ 役割やスキルが未分化

スケールしやすい ／ スケールしにくい

表1 当事者デザインをめぐる枠組み

1-3

# では、どうやってデザインしていくの？

ここまで、デザインの専門家であるデザイナーの行動や考え方が形式知化され広がっていることや、そもそも人は誰しもデザインする力を持っていること、また、デザインをする際にそれを使う人と一緒に、さらに一歩進んでそれを使う人自身が、デザインをしていくという捉え方があり、デザイン専門家の役割も多様化していることを見てきました。

では、そうした「デザイン」という行為を、私たちは実際どのように行っていけばよいのでしょうか。この節では、専門家、非専門家にかかわらずデザインを行ううえで必要となる考え方や態度などについて、要点をお話したいと思います。

## つくりながら考える

デザインの考え方においては「行動」が重要な要素の1つであるとお話しましたが、ここで**「つくること」「やってみること」の重要性**について深掘りしておきたいと思います。

デザインのプロセスにおいて、試作をする「プロトタイピング」の重要性についてはよく語られるところです。プロトタイピングを通して、今持っている仮説を検証したり、顧客のニーズに合っているかといった確認をすることが大切ということがまずあります。この考え方は、完成して初めて世の中に公開するよりも、手早くベータ版を公開しフィードバックをもらいながら完成版を作り上げていったほうがより質の高い製品ができるという「リーンスタートアップ」の考え方にも通じる部分です。

仮説や制作物が受け手に受容されるのかといった検証だけでなく、作りながら考えることで、より創造的な解決策をつくることが可能になるとも言われています。直感的につくられたものでも、それを振り返ることで新たな知識や洞察が生まれます。目に見えるものをつくることで、これまでに言語化されていない部分の思考までも含め表現され、またそれを通して他者と対話をする機会にもなります。

このような、つくることを通して学習する、つくることを通してコミュニケーションするという部分も、デザインをするうえで大事な視点です。

デザイン研究者の須永剛司は、**デザインの基本のかたちは「やって・みて・わかる」というプロセスで組み立てられている**と言います[16]。まず、自分が感じたことや現在わかっていることを基にしてつくったり行動してみて、その内容を振り返り吟味することで、それらがどういうことだったのか意味や価値を見出すという行為がデザインの特徴であるということです。そして、その結果からまた新たな問いを見つけ、さらにデザインを展開していくとされます。これは、デザインという思考方法に仮説推論（アブダクション）という直感的な側面があることにも通じます。

また須永は、「やって・みる」という創作と、「みて・わかる」という省察の両方を往復することが重要であると言います。デザイン思考の研修では、時間的な制約などからアイデア出しまでで終わってしまうものも多くあるように思いますが、それは残念なことです。デザインにおいて、実際にやってみることの大切さは強調してもしきれないものです。

## よりよく先に進むためのプロトタイプ作成

プロトタイプという言葉を辞書で検索すると「原型」や「試作品」という言葉が出てきますが、個人的には試しながらより良くしていくというニュアンスを含む「たたき台」という言葉もしっくりくるように思っています。

プロトタイプは、仮説検証やコミュニケーションなど、何らかの目的を持ってつくられるものです。単にその時点で可能なものをつくればよいというわけではなく、**つくる労力を最小限にし、結果を次に活かすため「このプロトタイプでは何を確かめたいのか」という目的を明確にしておくことが重要**です。

たとえば私は、極論パソコンでつくる企画書も一種のプロトタイプだと思って作成しています。企画の目的や対象者、概要などを関係者と共有し、考えていることにずれがないかを確認するために、必要に応じて雰囲気の伝わる写真を入れることもあれば、スケジュールを資料のメインに置いたり、数字を詳しく書くような場合もあります。何か違った部分があったとしても、文字を打ち直すだけなので最小限の手間で済みます。

何かイベントを開催するというゴールを想定してみましょう。プロトタイプとして、同じようなイベントを小さく催すこともできれば、対象となる人に企画書やイメージ写真などを見せて意見を聞くこともできます。また先ほどのように企画書を関係者と読み合わせることもできます。

目指す最終成果物に近いものをつくろうとするほど、時間もお金も必要になります。このタイミングで必要かつ最小限のコストでできることは何か、確認したい仮説の幹の部分をしっかりと考えることが大事です。

プロトタイプを用いた仮説検証は、その目的や方法を調整しながら繰り返して行われる必要があります。仮説検証はそのために手間がかかる部分もありますが、大きな視点で見れば、**なるべく早く修正をしていくことで手戻りを少なくし、最終成果物の質を向上させる**ことにつながります。

また、プロトタイプの時間軸をどう捉えるかという視点も大事です。ソーシャルイノベーションや組織変革をするためには、中長期的な視点によるスローなプロトタイピングが必要であるという議論があります。デザイン思考では手早くつくることを意識して「ラピッドプロトタイピング」という言葉がよく使われますが、**社会や組織という関係性が多岐にわたるものを変化させていくためには、その分時間が必要**ということです。もちろん、プロトタイプとしての目的や何を仮説検証するのかという視点は時間軸がどうあろうとも大切です。

プロトタイピングを行う際には、指標を見える化しておくことも意識するとよいでしょう。その点、デジタル技術を活用することは、数字で整理しやすいというよさがあるように思います。たとえばウェブサイトに分析ツールを導入し、データが目に見えるようになったことで、担当者が面白がって試行錯誤をするようになったなど、自分たちで改善しようというモチベーションにもつながります。プロジェクトの関係者以外に説明する際にも活用できるなど、利点は多くあるでしょう。

## デザインをするためのツール（道具）

この分野に興味のある方であれば、1-1で挙げた「ペルソナ」や「ジャーニーマップ」といったデザインツールの名前を聞いたことがあるという方も多いかもしれません。他にも書籍やウェブサイト検索から膨大な量のデザインツールを見つけることができます。

これだけ数が多くあると、どれを使えばよいのか迷ってしまいます。また、ツールを使って満足ということにもなりかねません。

子どものころ、絵を描く時にえんぴつと消しゴムがあれば始められたように、広い意味でのデザインを実践するうえでも、**基本的なツールを理解し使用できればまずは十分**です。サービスデザインについて包括的に書かれた書籍『This is Service Design Doing』では、デザインツール紹介の前に以下の6つの原則が紹介されています[17]。

1. **人間中心（Human-centered）**：サービスの影響を受けるすべての人のエクスペリエンスを考慮する。
2. **共働的であること（Collaboration）**：サービスデザインのプロセスには多様な背景や役割を持つステークホルダーが積極的に関与しなければならない。
3. **反復的であること（Iterative）**：サービスデザインは、実装に向けた探索、改善、実験の反復的アプローチである。
4. **連続的であること（Sequential）**：サービスは相互に関連する行動の連続として可視化され、統合されなければならない。
5. **リアルであること（Real）**：現実にあるニーズを調査し、現実に根差したアイデアのプロトタイプを作り、形のない価値は物理的またはデジタル的実体を持つものとしてその存在を明らかにする必要がある。
6. **ホリスティック（全体的）な視点（Holistic）**：サービスはサービス全体、企業全体のすべてのステークホルダーのニーズに持続的に対応するものでなければならない。

このような原則を実際にプロジェクトで実装・体現するためにさまざまなツールがあるのであり、**単にツールを使えばよいというわけではないことには注意が必要**です。

また同書では、「サービスデザイン実践の12戒」と称した実践するうえでのポイントの1つ目に、このようなことが書いてあります。

---

1. 呼び名は何でもいい

サービスデザイン？　デザイン思考？　サービスデザイン思考？　顧客中心のイノベーション？　何と呼んでもかまわない。重要なのは実行することだ。

ツールも同じで、場面に応じて合いそうなものを選ぶ必要はありますが、細かな差異に気をとられるよりも、上記の原則を意識しつつ、まず使ってみるということが大切です。行政によるデザイン実践で使いやすく基本となるツールについては第3章（P.156）でご紹介します。

## デザインをする姿勢・態度

デザインをする手順やツールの使用方法だけでなく、デザインという活動を行う際の**態度**

**(Attitude)や心構え(Mindset)が重要**であることは数多く指摘されています。

デザイナーに共通する態度があるということを指摘したのは、リチャード・ボランドとフレッド・コロピーという米国の経営学研究者たちです。大学施設を新たに建設する際の建築家との協働経験がきっかけとなり、ビジネスパーソンとデザイナーを対比してデザイナー固有の態度を明らかにしました[18]。

ビジネスパーソンが通常もつ態度は、「すでにある選択肢の中から最善のものを選ぶ」という「意思決定態度(Decision Attitude)」であるのに対し、デザイナーのもつ態度「デザイン態度(Design Attitude)」は、**問題の理解の仕方を再形成し、新たな選択肢を創造する態度である**と述べています。また、意思決定態度は現状の問題が明らかで安定的であるときに、デザイン態度は現状の問題が不明瞭で不安定な場合にそれぞれ効果的なものとされています。

ボランドとコロピーによってその存在が明らかにされたデザイン態度ですが、カミル・ミヒレウスキは複数の民間デザイン組織に対するインタビューを通して、プロフェッショナルとしてのデザイナーやデザインチームが持つ文化や信念(=デザイン態度)の特徴をさらに細かく次の5つにまとめています[19]。

- 不確実性・曖昧さを受け入れる
- 深い共感に従事する
- 五感の力を用いる

- 遊び心をもって物事に息を吹き込む
- 複雑性から新たな意味を想像する

また、ソーシャルイノベーションの文脈におけるデザイン態度を研究したマリアナ・アマチュロは、デザイン態度を次の5つの視点から検討しています[20]。

- 複数の視点をつなぐ：多次元的な意味の統合
- 曖昧さの許容：不連続であることへの寛容さ
- 美しさとの深いつながり：美しさが機能とサービスへの入り口であることを認識する
- 共感：他者がどのように見て、感じて、経験しているかを深く理解する
- 創造性：斬新で有効なアイデアを生み出す

他にも、プロフェッショナルとして活躍するデザイナーの言葉など、デザインするうえでの態度や心構えについてはさまざまなことが言われています。公共的課題を対象とすることも念頭に置きつつ、筆者が特に重要ではないかと思うことは次の5つです。

**1. 不確実性・リスクを許容する**

**2. 共感を大事にする**

**3. 多様な視点を受け入れる**
**4. 選ぶのではなく新たに創る**
**5. 直感と論理の両方を大事にする**

## 1. 不確実性・リスクを許容する

デザイン・スクイグルの図（P.23）のように、プロジェクトを行っていると、ぐるぐると議論の結論がはっきりせず、不安な時間を過ごすタイミングが必ずあります。これを「もやもやする」という言い方で表現する人もいます。逆にこのような感覚がなければ、新しい発見にまだたどりついていないと言えるかもしれません。また、**新しい取り組みは一度で必ず成功するというものではありません**。成功に近づくために**試行錯誤を繰り返す**という姿勢が大事です。

このような不安は、デザインプロセスに関する知識があるだけで随分と違うものです。たとえば、デザイン・スクイグル（図2）やダブルダイヤモンドプロセス（図3）のように、プロセスの中で情報の発散と収束の2つのモードがあること、プロセスを問題定義やプロトタイピングなどのマイルストーンで管理していくことなど、知識として知っているだけで、地図を持っているように自分たちの居場所がわかり、安心できます。

## 2. 共感を大事にする

他者の置かれた環境を理解し、考え方や気持ちに共感していくということも重要な態度と言えます。モノでもシステムでも、デザインをすることの多くは誰かのために行う行為です。その誰かが**どのように世界を見ているか、固定観念を脇に置き、さまざまな方法で知ろうとする**ことが大事です。ドラマを観たり小説などを読んでいて感情移入するという体験は、共感に近いと言えるのではないかと思います。

他者に共感するためには、自分自身のこれまでの経験や心の動きを振り返ったり、さまざまな経験を実際にしてどう感じたか言語化してみる、物語をたくさん読むなど、ものを感じ取る力を磨いておくことが重要でしょう。

## 3. 多様な視点を受け入れる

議論や思考の幅を広げ、新たな解決策を検討するためには、**多様な意見や物の見方をいったん受け入れる**ことが大事です。このような態度があることで、さまざまな人とアイデアを出したり議論をすることもしやすくなります。

経験してきたことや育った文化は人によって違います。そういった多様な人々と協働をすることで、自分ひとりでは生まれなかった洞察や解釈にたどり着ける可能性が高まります。

## 4. 選ぶのではなく新たに創る

AかBかと今ある選択肢の中から何かを選ぶのではなく、**今ある情報を土台にして新たな課題の解釈や解決策を創り出すという姿勢**が重要です。何かを新たに創り出すためには粘り強さが必要にもなります。複雑な状況をいったん飲み込み、忍耐強く考え続けることが必要です。多様な情報を整理し統合しやすくするためには、情報を可視化するということが必要不可欠なプロセスになるでしょう。また、自分の経験を一度脇に置き、新しい視点で物事を見ることを意識することが、リフレーミングに、つまり新たな選択を創り出すことにつながります。

## 5. 直感と論理の両方を大事にする

「直感」と言うと勘のようなものだと捉えられ、良くないもののように言われることもありますが、**その背景には言語化されない経験や知識が働いている**ものです。アブダクションと言われる仮説推論もこの直感の力と通じるものがあると言えます。

一方、**直感的に導き出したものをしっかりと論理的に裏付け、周りに伝えられるようにする**ことも大事です。調査で集めた情報を整理していくときに、「事実と解釈を分ける」ということはよく言われることですが、これも直感と論理の組み合わせを明確にしていこうということと言えるでしょう。

さて、ここまで紹介したデザインをする姿勢や態度ですが、先にお話したデザイン思考の大事な要素と重なる部分があるなと気づかれた方もおられるのではないでしょうか。デザインプロセスとそれを行う人の姿勢や態度は、両輪とも言えるものです。

「デザイン思考」という言葉が広がり、多くの書籍などが出版されました。それらを通してデザインの方法論やプロセスの進め方は知ることができるようになりましたが、その実行を支える態度については学ぶことが難しいものです。単に方法論を使えばよいということではなく、その両輪としてどのような態度で行うかも大事であるということは押さえておくべきことでしょう。

## 「デザイン」という言葉の功罪

ここまで、「デザイン」とは何か、そしてデザインとはどのように行うのかということについてさまざまな角度からお話してきましたが、いかがでしょうか。デザインが対象とするものは広く、デザイナーと呼ばれる人でなくとも誰もが行っていることだとおわかりいただけたと思います。

しかし、デザインという言葉を聞くと、どうしても距離を感じてしまう人が多いのもまた事実です。本書でテーマとする「行政とデザイン」という話をしても、自分には関係がないことと思われてしまうことが多くあります。デザインという言葉を使うこと自体が、事態をややこしくしているように感じることもあります。

筆者は、デザインについて説明するときに、スポーツに喩えて話すことがあります。学校での部活や余暇のレクリエーションとして楽しむ人から、プロフェッショナルとして従事する人までいます。試合のレベルも、地域の運動会のようなものからオリンピックまで幅広いグラデーションがあります。またスポーツの種類も、陸上競技から球技というカテゴリがあり、それぞれマラソンやサッカーなど細分化されていきます。

デザインも同じで、普段の生活をちょっと便利にする工夫や、イベントのお知らせチラシをつくることもあれば、メーカー企業で工業製品の意匠を考えたり、ウェブサイト制作を受託して行うなど、活動のレベルには広い幅があります。デザインの種類も、グラフィックからプロダクト、サービスや仕組みなどさまざまなものがあります。

このように、スポーツとデザインという言葉は似たものですが、「デザインをする」ということに対して、「スポーツをする」と口にすることに抵抗を感じる人は少ないのではないでしょうか。これは、日頃スポーツをするということは意識的であるのに対して、デザインという行為が意味するものが幅広いだけに、日頃から無意識的に行われていることが多いからではないかと感じます。

デザインという言葉に距離を感じるのであれば、デザインという言葉を使う必要はないのではないか、という声も聞こえてきそうです。確かにその側面はあるように思いますし、普段デザインということを意識していない方に対して話をするときは、筆者自身も言葉の使い方に気をつけています。

それでもなお、あえて「デザイン」という言葉を本書で使っているのは、これまでに行われてきたデザインの実践や研究で培われてきた知見を用いることで、現在無意識的に行っている「生活や社会をよりよくしよう」という行為がよりうまく実践できるのではないかと考えるからです。

本書のテーマとする行政組織や職員が行っていることも、デザインという視点から見ることで、よりよく実践することができる、そう思っています。具体的にどのような実践ができるのかというところは、後半のパート2で詳しくお話していきます。

## 本書でのデザインの定義

ここで、本書で使用するデザインに関する用語を定義しておきたいと思います。

まず、「デザイン思考」や「サービスデザイン」、「コ・デザイン」といった用語を使うときは、デザインを行ううえでの心構えや原理原則を基本的に意味します。次に、デザインを行う際に具体的なツールを使用したり実行する方法を述べる際に「デザイン手法」という言葉を使います。また、「デザインプロセス」という言葉は「デザイン手法を用いてプロジェクトを実施する一連の流れ」を意味して使用します。

これらの関係性を図で表したものが図6です。個別のツールや方法としてのデザイン手法があり、それが連なったものとしてデザインプロセスが位置づけられ、それらを支える考え方や原理原則が、デザイン思考やサービスデザイン、コ・デザインと言われるものとなります。

また、デザイン実践という言葉は、このような心構えや原理原則を意識し、行動したり手法を用いていくことを包括的に意味して使います。

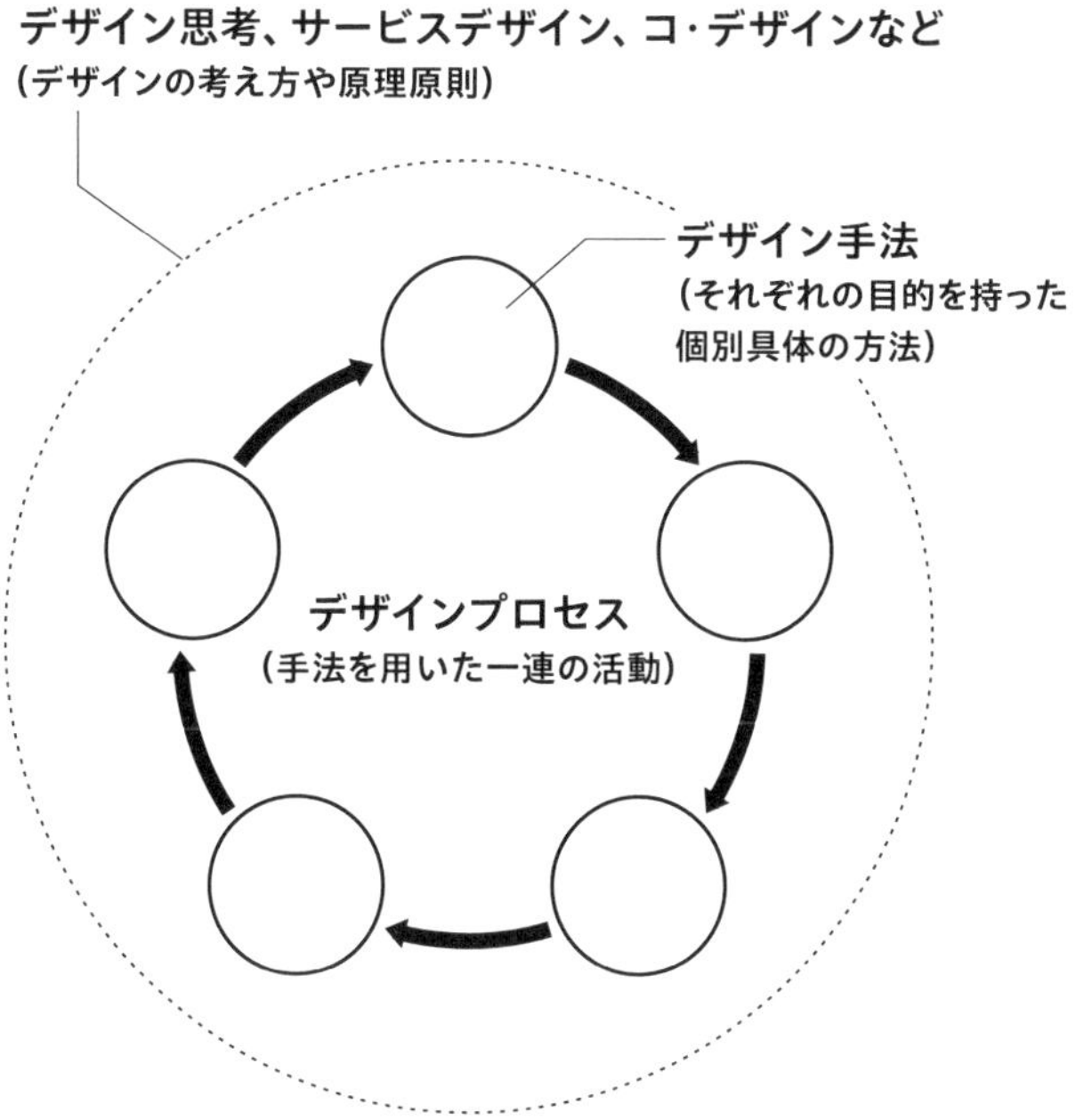


図6 本書におけるデザインに関する用語の関係性

1-4

# 行政にデザインが必要な3つの理由

さて、ここまでを踏まえて、いよいよ本章のタイトルとして掲げた〝どうして行政にデザインが必要なのか〟についてお話していきます。なぜ今、行政組織においてデザインが注目され始めているのか。次の章への橋渡しとして、その理由について3つの視点からお話したいと思います。

1点目は、行政組織が対応せねばならない課題の変化。2点目は、行政・公共サービスのデジタル化。そして3点目が、行政革新の新たなかたちとして多用な主体と共に進めるガバナンス型の議論が登場している、ということです。それぞれについて詳しくお話していきます。

## 1. 行政が対応する課題の変化：より早くより複雑に

行政が対応する課題は、変化のスピードが早く、どんどん複雑に、また明確な正解のない問題になってきていると言われます。例を挙げれば、高齢化が進む中で、これからの地域交通をどうしていくべきか、また、これからを生きる子どもたちが身につける必要のある能力は何で、それをどう育てていくべきなのか、また近年の例では、新たな感染症の広がりにどのように対応していくべきか、といったものです。

このような課題については「正解」というものがありません。しかしながら、そのような中でもどうするべきか判断し、対応策を実行していかねばならないのです。

このような問題は、「厄介な問題（Wicked problem：ウィキッド・プロブレム）」と呼ばれます。厄介な問題は、まず問題の定義が難しく、何か手を打ったとしても、その解決のためとられた行動によって問題が常に変化していくという性質を持ちます。また、解決策のオプションについて漏れなく列挙することは不可能であり、解決策の評価も正解や間違いがあるのではなく、「良い」「悪い」という相対的な評価しかないとされます。「デザインのほとんどはそのような厄介な問題を対象とするもの」とされ[21]、まさにそのような課題に多く対峙する行政組織にも求められる能力であると言えるでしょう。デザイン学を牽引するデザイン研究者の多くが、厄介な問題に対応していく政策や社会システムもデザインの対象となることを認識しています。

デザインプロセスでは、調査に基づく課題定義を行い、その後創出された解決策はプロトタイピングを通して検証・修正すること、またそれを反復的に繰り返していくことが重要とされます。これは、そもそも取り掛かりが難しいとされる厄介な問題にまずあたりを付け、現状をより良くするために**第一歩を踏み出す**ことを後押ししてくれます。

行政に関する研究領域では、社会変化や技術革新の速度が速まるなか、さらなるイノベーションの創出やそれに伴う課題への対応をしていくため、機動的で柔軟な管理統制をしていくモデルを**「アジャイル・ガバナンス（Agile Governance）」**と言い、そのあり方が国内外で研究されています。そこでの議論においてもデザインの考え方が参照されるなど、親和性があるものとされます。

一方、課題はより複雑になっているにもかかわらず、人口減少などによる自治体の規模縮小に伴い、自治体職員の数は減少しています。予算にも余裕がない中で課題に対応していくためには、新たな対応方法や市民や企業との協働を積極的に考えていく必要があると言えるでしょう。これは、後ほど述べる行政革新の新たなかたちにも通じるところです（P.60）。

このように、**公共的課題に対応していく新たな方法が求められる中で、デザインというものに注目がされている**という側面があります。

また、コ・デザインの説明でも述べたように（P.35）、デザインは終わりのない活動です。変化し続ける厄介な課題に対応していくために、**課題に向き合い続ける**ということも大事な視点になるでしょう。

## 2. 行政・公共サービスのデジタル化：より利用者視点でのサービス提供

2点目は、行政・公共サービスのデジタル化です。

スマートフォンアプリなど、みなさんが普段お使いのデジタルサービスにはどのようなものがあるでしょうか？　そして、そのサービスを使っている理由を少し考えてみてください。星の数ほど同じようなデジタルサービスがある中でユーザーに選ばれるためには、使いやすさや利便性が非常に重要です。サービスの使い心地やそれを通した豊かな体験が競争力の源泉になっている民間企業のウェブサービスやモバイルアプリケーション開発において、デザイナーの存在は欠かせないものとなっています。

市場の競争によってどんどん洗練されていくデジタルサービスに慣れている市民にとって、そうではないものを使う心理的ハードルは非常に高いものがあります。そして、行政のデジタルサービスは残念ながら使い勝手が悪いものも多く、また直接的に収益を生むものではないため、それらを代替するサービスがないという難しさもあります。多くの人にとってデジタルデバイスの使用が当たり前の中、市民の利便性や満足度向上、また行政職員の業務を効率化するため、質の高いデジタルサービスの開発は必要不可欠となっています。

行政組織のデジタル変革に関する先駆的な例としては、英国の「ガバメント・デジタル・

サービス（Goverment Digital Service：GDS）」が挙げられます。日本のデジタル庁設置検討の際の参考のひとつとされた組織です。有名な事例としては、管轄省庁によってバラバラに提供されていた政府のウェブサイトを一元化し、ユーザーにとってシンプルでわかりやすいかたちに開発し直した「GOV.UK」があります。そのGDSにおいても、政府のデジタル変革に関わる際にデザインの活用が強調されています。

2018年に初版が公開された日本政府のデジタル・ガバメント実行計画でも、「利用者中心の行政サービス改革」が掲げられ、プロジェクトを成功に導くために必要なノウハウとして、「サービス設計12箇条」が明示されています[22]。

〈サービス設計12箇条〉

第1条　利用者のニーズから出発する
第2条　事実を詳細に把握する
第3条　エンドツーエンドで考える
第4条　すべての関係者に気を配る
第5条　サービスはシンプルにする
第6条　デジタル技術を活用し、サービスの価値を高める
第7条　利用者の日常体験に溶け込む
第8条　自分で作りすぎない

第9条　オープンにサービスを作る
第10条　何度も繰り返す
第11条　一遍にやらず、一貫してやる
第12条　システムではなくサービスを作る

ここで挙げられている事項はデザインプロセスにおいても重要とされていることであり、まさにデジタルサービスを作っていくうえでデザインを大事にしていこうということに他なりません。

2021年に立ち上げられたデジタル庁でも、デザインの専門家が積極的に採用されています。日本の省庁で初のインハウスデザイン組織として立ち上げられたサービスデザインチームは、2023年10月時点で民間企業などから参加したメンバーによる20名ほどのチームになっているといいます。

またデジタル化は、**行政と市民の協働**という点でも大きな変化を生み出しています。「シビックテック（Civic Tech）」という言葉を聞かれたことがある方も多くおられると思います。これは、市民（civic：シビック）とテクノロジー（tech：テック）をかけあわせた言葉で、市民自身がテクノロジーを活用して、地域の身近な課題を解決していこうという取り組みです。その中には、行政が提供しているようなサービスも時に含まれます。デジタル関連の技術活用は民間のほうが早く進んできたことや、行政の持つデータを積極的に公開していこうというオープンデータ化の流れなどもあり、市民の行政・公共サービスの改善や提案に対する関わり方がデジタル化によって増えてきたと言えるでしょう。

## 3. 行政革新の新たなかたち：より多様な主体との協働

そして最後に、行政革新の新たなかたちとしてのガバナンス論の登場についてお話したいと思います。表2は、伝統的行政（Public Administration：PA）、行政革新のかたちとして現れた新公共経営（New Public Management：NPM）、そしてCollaborative GovernanceやNew Public Governanceといった多様な主体が協働したガバナンスを重視する新たな行政革新のかたち、それぞれの特徴をまとめたものです[23]。

表右端のガバナンス論の視点では、社会環境が継続的に変化し、また市民のあり方も多様であり、ニーズが複雑で変化しやすく不確実なものである社会を前提としています。これは、**マンズィーニの言うデザインモード（P.32）の社会と同様の社会観と言ってよい**でしょう。そこでは、政策立案やその管理をする行政職員の役割は「先導者・通訳者」や「探検家」になっていくと言われています。これは、PAでは「指揮者・司令官」や「事務員・殉教者」とされていた行政職員の役割から大きく変化しています。このように、**行政職員の役割がより探索的なものに変化する中で、デザインが活用できる場面は多くある**と考えられます。

| | 伝統的行政<br>Public Administration (PA) | 新公共経営<br>New Public Management (NPM) | ガバナンス論<br>Collaborative Governance |
|---|---|---|---|
| 社会環境 | 安定的 | 競争的 | 継続的に変化 |
| 市民 | 同質的 | 細分化 | 多様 |
| 市民のニーズや課題 | 単純でありプロフェッショナルによって規定される | ニーズや欲求は市場を通して表現される | 複雑で変化しやすく不確実 |
| 戦略策定 | 国家やプロデューサーが中心 | 市場と消費者が中心 | 市民社会によってかたちづくられる |
| ガバナンス形態と主なアクター(関係者) | 行政職員によるヒエラルキー型 | サービス購入者と供給者、顧客と請負人による市場型 | 市民のリーダーシップによるネットワークとパートナーシップ型 |
| 鍵となる概念 | 公共財 | 公共選択 | 公共価値 |
| 政策立案者の役割 | 指揮者、司令官 | 告知者、委任者 | 先導者、通訳者 |
| 公的管理職の役割 | 事務員であり殉教者 | 効率と市場の最大化 | 探検家 |
| 市民の役割 | 依頼人 | 顧客 | 共同生産者 |

表2 PA、NPM、ガバナンス論の特徴

## 共同生産者としての市民

また、ここで注目したいのは、市民の役割も大きく変化しているということです。PAにおいて市民の役割は、行政に対してこういうことをしてほしいとお願いする「依頼者」でした。それがNPMでは、行政の提供するサービスの消費者としての「顧客」という捉えられ方に変化します。そしてガバナンス論においては、**市民は公共サービスを共につくっていく「共同生産者」**と大きく役割が変化しています。このような市民の捉え方の変化は、行政組織においても、**どうすれば政策立案や公共サービスの検討や実施を市民と一緒によりよくできるのか**、という視点を生み出すことになります。

その際に鍵となる概念は、公共価値（Public Value）です。PAでは、競合がなく誰もが享受することができる公共財をいかに管理していくかということが重要になります。NPMでは、市場メカニズムを利用し、公共サービスの供給を行う際に公的部門と民間部門、もしくは公的部門の中に競争環境を創出することで、より費用対効果が大きくなるような環境整備をするということが重要になります。そして、ガバナンス論では、さまざまなステークホルダーが協働し、公共的な価値をいかに創り出すことができるかが大事になるのです。

デザインの中でも、特にユーザーとの相互作用から価値を生み出すことを志向するサービスデザインやコ・デザインと呼ばれる分野が注目される理由は、このような背景があると言えるでしょう。

## 人々によるデザインへ

公共に関する人工物をデザインするということは、ある種の権力を行使するということです。デザイン研究者ラミア・マゼは、ソーシャルイノベーションのためのデザインは、教育・介護・交通などの**公共サービスの提供に関わるもの**であり、社会的慣行やシステムを「誰のために」「どのようなかたちで」「どうやって変えていくのか」という**「政治的な問い」を必然的に含んでいる**と述べています[24]。

市民の代理人としての政治家、政治家の代理人としての行政という関係性で行政の活動は行われており、その活動の源泉をたどれば、それは**市民の自治意識**ということになります。地域の自治会や消防団など、地域住民が主に役割を担ってきた組織も、参加者の減少などで弱体化してきていると言われます。自身の暮らす地域に意識を向け関わろうという人の数が少なくなっていると感じられる方も多いでしょう。その分、テーマ型で活動する新たな市民団体などが増えてきてはいますが、これまで共助で行われてきた部分を行政が引き取ってきたということも多くあるのではないでしょうか。現在行政が抱えているさまざまな役割を分担し直していくためには、**市民側の興味関心を育み、つながりを構築していくこと**も活動の大事な視点となるでしょう。

コ・デザインに関する研究で有名なリズ・サンダースとピーター・ヤン・スタッパースは、2044年には「**人々によるデザイン**（design by people）」が主流になる社会を推測しています[25]。このような社会をどう実現していくことができるかということは、行政と市民が共に考えていく必要があるものでしょう。

## 1-5 行政組織におけるデザインの実践事例

前節では、行政にデザインが必要とされる大きな3つの理由についてお話ししてきました。では、実際に行政がデザインを活用している例はあるのでしょうか？　ここでは、どのような組織でどのような実践が行われているのか見ていきたいと思います。

### 欧州がリードしてきた実践

行政組織におけるデザインの活用は、主に欧州で実験が行われてきました。背景としては、欧州でのソーシャルイノベーションのためのデザインの豊富な研究実践があったことが挙げられます。

デザイン実践におけるソーシャルイノベーションをテーマとした活動には、大きく2つの出発点があるとされます[26]。

ひとつは、2004年から2006年にかけて実施された英国デザインカウンシルによる

「レッド・ユニット（RED unit）」です。デザイン専門家が社会的課題に取り組む活動の初期の例とされ、ユニットを率いたヒラリー・コッタムは2005年のデザイナー・オブ・ザ・イヤーを受賞しています。英国内でこのように活動が進展した背景には、デザインカウンシルによる積極的な支援、またヤング財団やイノベーション基金ネスタ（NESTA）のようなソーシャルイノベーションに関する主導的な組織とのつながり、公的組織によるサービスデザイナーとのプロジェクトの蓄積によるものとされます。

もうひとつの大きな流れは、ミラノ工科大学のマンズィーニらを中心に立ち上げられた「デーシス・ネットワーク（DESIS：Design for Social Innovation and Sustainability network）」の取り組みです。デーシスは持続可能性のためのソーシャルイノベーションをテーマとし、世界各地のデザインスクールが交流を行う場として機能しています。マンズィーニはソーシャルイノベーションのスタート地点として、**1.専門家や権威者によるトップダウン**と、**2.一般市民やコミュニティからのボトムアップ**の2種類があるとし、実際には多くの場合その2つが**相互作用したハイブリッドプロセス**であると述べています[27]。世界各地のデーシス・ネットワーク参画ラボにおいて社会的課題をテーマとしたデザイン実践が行われており、その活動過程において自ずと行政と関わったものが多くなります[28]。

欧州では、2000年代末の欧州債務危機を発端に社会の分断や格差の拡大が進行し、その対応策としてソーシャルイノベーションを支援するEUプロジェクトが多く立ち上げられました[29]。この背景もあり、デザイン研究においても欧州が活動の中心となり進められてきたと考えられます。

一方、米国における公共的課題に対するデザイン活動は、主に発展途上国でのプロジェクトに関連したものであり、欧州のような行政や地域コミュニティと協働して地域の社会的ニーズに対する解決策を検討する活動とは異なる始まり方をしているとされます[30]。オバマ政権時代の2009年には、「ソーシャルイノベーションと市民参加のオフィス（White House Office of Social Innovation and Civic Participation）」が設立され、行政と非営利民間セクターとの協働は進展してきたものの、その後の政権交代とともに機能を停止しており、動きとしては大きく後退しています[31]。その中でも、前述のデーシス・ネットワークに参加するニューヨークパーソンズ美術大学の「パーソンズ・デーシス・ラボ（Persons DESIS Lab）」では、ニューヨーク市や公共図書館、NPO法人などと連携し、欧州の流れを汲んだ取り組みが行われています。

## 公共イノベーションラボによる先導

このような、デザインを用いた行政組織による新たな政策立案やサービスの革新を目的とするプロジェクトは、行政組織内につくられた専門組織である「公共イノベーションラボ（Public Sector Innovation Lab：PSIラボ）」が先導し実行される事例が多く見られます。欧州の

ＰＳＩラボに関する研究によると、ＰＳＩラボの活動には以下の３つの特徴があるとされています[32]。

- **行政に関する手続きの柔軟性向上**：より市民中心で、効率的、機敏なサービスの実現
- **参加を通した市民との関係性の構築**：新たな人々に参画してもらうためのさまざまな実験的手法の活用
- **実験的な公共政策立案のため新たな可能性を持ち込む**：課題の再定義や市民参加を通したより市民中心の解決策の検討。またプロトタイピングや失敗を含めた試行錯誤という概念の政策分野への導入

また、公共セクターのイノベーションに関する調査研究を豊富に行う英国のイノベーション基金ネスタによると、ＰＳＩラボは一般的に以下のような共通した項目を事業に含むといいます[33]。

- 重要課題やその優先順位、付随するタスクを調査し明らかにする
- 上記に影響を与えるアイデアを開発する
- 解決策のプロトタイプを作成しテストする
- より大きな影響の創出もしくはシステム変革のための道筋を創造する

これらの先行研究からもわかるように、PSIラボでは、ユーザー調査や市民参画、またプロトタイピングを含めた試行錯誤プロセスを通し、新たな政策立案や効果的な政策実施のための実験的な取り組みを行っています。

## PSIラボの事例

このようなPSIラボは世界中に広がっており、2020年10月時点で120以上のPSIラボがあるとされています。具体的な事例として、デンマーク、フィンランド、イギリスでの取り組みを紹介します。

PSIラボのさきがけとして知られるのは、デンマーク政府内の複数省庁や自治体が共同で運営した「**マインドラボ（MindLab）**」です。長年トップを務めたクリスチャン・ベイソンは、日本のメディアやイベントにも登場するなど知られた存在です。ベイソンがトップに立った2007年以降、マインドラボではデザインの活用をひとつの柱とし、最終的には20名程度のスタッフを抱え、クライアントである中央省庁や自治体のプロジェクトを実施しています。デザイナーや人類学者など多様な背景を持つスタッフが行政職員として雇用され、コアメンバーとして活動し、プロジェクトによって省庁からの出向者を受け入れるなど、プロジェクトの協働実施を通してスタッフの育成を行っていくことも目的とされました。プロジェクトはマインドラボが単独で行うのではなく、課題を持ちかけたクライアント省庁との協働で行われ、マインドラボはパートナーとして共にプロジェクトを進めていく立場として活動をしました[34]。

ベイソンは2015年にマインドラボを離れ、デンマーク・デザインセンター（Danish Design Center）のトップとなり、マインドラボ自体は2018年に閉鎖されることになりました。理由は政府ニーズの移り変わりとされますが、世界の中でも行政組織におけるデザイン活用を牽引する組織であっただけに、その閉鎖は驚きをもって受け止められました。

また、2009～2013年にかけてフィンランドの国立イノベーション基金シトラ（SITRA）内で活動していた戦略デザインユニット「**ヘルシンキ・デザイン・ラボ（Helsinki Design Lab）**」も本分野では著名な活動と言えます。問題の構造を大局的に捉え、問題のさまざまな側面を踏まえてよりよい解決策を生み出すことを「**戦略的デザイン（Strategic Design）**」と定義し、木造建築の建築制限に関する法的規制の改革や、法律上の定義が明確でないキッチンカーをテーマとした新たなルール作りに関するプロジェクトの実施、行政組織のイノベーション能力を構築するため中央省庁や自治体内部にデザインを専攻する学生を職員として派遣する「デザインエクスチェンジ・プログラム」など、法律や仕組みなど戦略レベルでのデザイン実践に挑戦した先駆的な例として知られています[35]。

2014年に英国政府内に設立された「**ポリシー・ラボ（Policy Lab）**」[36]は、立ち上げ当初から「デザイン、データ、デジタル（Design, Data, Digital）」の「3D」をキーワードとし、政府内各省庁と複数のプロジェクトを実践してきました。近年ではよりデザインアプローチに重点を置き、サービスデザインや未来洞察、プロトタイピングなど政策立案に新たな手法を持ち込み、政策立案を抜本的に改善していくことを使命としています。メンバーはデザイン専門家、研究者、政策立案者などから構成され、外部のコンサルティング会社などと協力しながら、2021年時点で100件以上のプロジェクトを行い、延べ七千名を超える公務員が何らかのかたちで関わっているとされます。

PSIラボの共通点としてデザインの活用が挙げられますが、ここで言われるデザインの対象物は、モノの見た目や形だけでなく、行政サービスの提供方法や法規制といったサービスやシステムまで含めた幅広いものです。本分野の過去の研究からも、PSIラボに特に関連するデザインの分野として、デザイン専門家の考え方をビジネスなどその他の分野に応用しようとする「デザイン思考」、ユーザーを中心に据えてよりよいサービスを作り上げる「サービスデザイン」、ユーザーをデザインのパートナーとして捉え共に実践を行う「コ・デザイン」というキーワードが挙げられています。

## 国内でも活動が始まっている

これまで紹介したように、行政におけるデザイン実践は、欧州を中心とする海外が先行してきました。この背景には、多様なセクターが協働して社会課題を解決しようとするソーシャルイノベーションに対する、国を横断した積極的な投資や、先端的な教育活動を行う複数のデザインスクールの存在が関係していると考えられます。

では、日本ではどうなのかというと、**日本国内でも国や自治体によってデザイン手法を活用しようという試みが近年始まりつつあります。**

国レベルの動きとしては、2018年に経済産業省と特許庁が「デザイン経営宣言」をまとめ、それを受け特許庁が自らデザインを業務に取り入れる試みを始めています[37]。これは、民間企業だけでなく、行政組織が自らデザイン経営を実践すべきと宣言の中で述べられたことによります。2022年には、分野を越えた中央省庁の職員が主導するかたちで「JAPAN+D」と称する活動を立ち上げ、官民連携でデザインを政策立案や政策実施に活用していこうとしています[38]。また近年では、経営大学院（MBA）や公共政策大学院でなく、デザインスクールへの研修留学を選択し、デザインを専門的に学んだ官僚も誕生し始めています。

中央省庁のみならず、各地域の自治体においても取り組みは始まっています。滋賀県庁の有志職員によって2017～2019年にかけて行われた「ポリシー・ラボ・シガ（Policy Lab. Shiga）」というデザイン思考を用いた政策研究プロジェクトはその先駆けと言えるでしょう。また、福井県では「政策オープンイノベーション」と題し、県政運営の理念の中にデザイン思考を位置づけ、デザイン専門家と協働した政策立案や実施を行っています[39]。

これらの取り組みは積極的に情報公開がされていますので、興味のある方はウェブサイトなどをぜひ参照してみてください。行政関連の取り組みは、民間企業と比較して情報をオープンにしやすいことが特徴として挙げられます。このように情報交換がされることで、地域の実情に合った試みが多く生み出されると理想的です。

この第1章ではここまで、デザインとは何かについて、また行政とデザインの関係性についてお話してきました。次の章では、具体的に行政がどのようにデザインを実践していくのかについてお話していきたいと思います。

# 第2章

# どのように行政がデザインを実践できるのか

第1章では、デザインとは何か、またどうして行政組織にデザインが必要なのかということについてお話してきました。
最後に事例も少しご紹介しましたが、
興味はあっても自分自身の環境で実際にどのように実施していけばよいの?と思われた方もおられると思います。

この第2章では、行政組織が政策をつくり、それを実施していく際に、どのようにデザインを実践していくことができるのか、
具体的には、どのような場面でデザインの大切な要素が込められた手法を活用していくことができるのか、その方法についてお話していきたいと思います。

またデザインを実践するためには、
プロセスだけではなく、それを支える体制や仕組みが大切です。
本章の後半では、デザインを実践するための組織や人材についても触れていきます。

2-1

# 政策とデザインの4つの関係性

まず政策立案と実施に関して、デザイン手法を活用するとはどういう意味を持つのでしょうか。

図7は、「政策のためのデザイン（Design for Policy）」に関するデザイン学と公共政策学双方の先行研究をレビューし、政策とデザインの関係性についての類型を整理したものです[1]。

この図では、政策デザインの目的に関する軸として**「最適化」**と**「探索」**の**縦軸**を、市民を代表とする利害関係者の捉え方に関する軸として**「共創志向」**と**「専門志向」**の**横軸**を設定し、その掛け合わせによって4つの領域を表現しています。この図を用いて整理することで、政策立案におけるデザインの目的や市民を代表とするステークホルダーの位置づけなどを議論しやすくなります。さらには、制度設計や選択を議論する際の基本概念として、実務や分析に活用できるものと考えています。

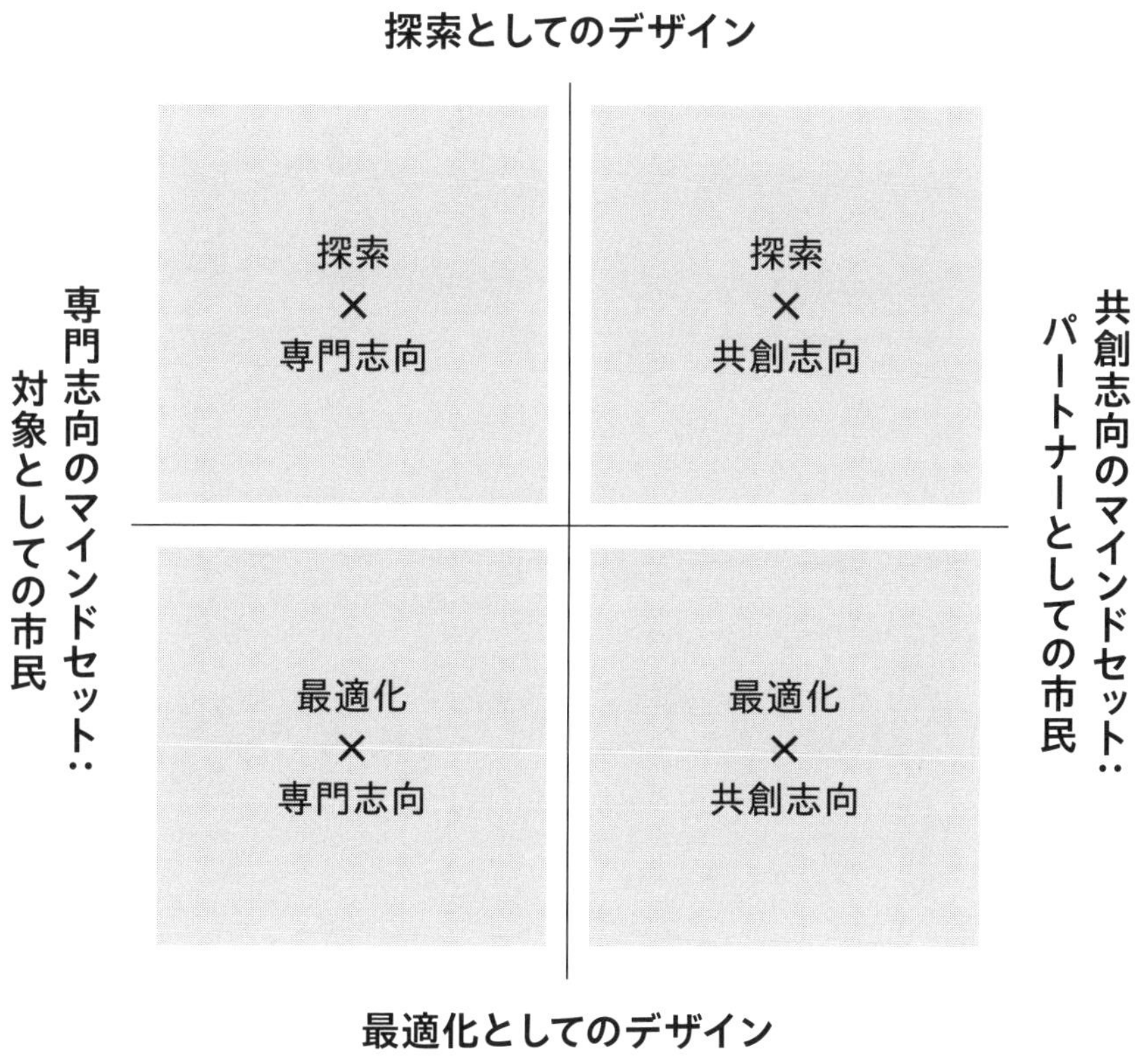


図7　政策とデザインの４つの関係性

## 政策デザインの目的：最適化と探索

縦軸の1つ目、「最適化としてのデザイン」は、**デザインによって知識を可能なかぎり最良の解決策（政策）に変換する**ことが目的になります。マンズィーニのデザインモードマップ（図4、P.33）で説明した、課題解決（problem-solving）のためのデザインという考え方に近いでしょう。この類型は「情報的アプローチ」とも呼ばれ、エビデンスに基づく政策立案（EBPM）とも相性がよいとされます。

多様な知識を学際的に組み合わせ、解決策に変換することで政策立案者をサポートする一方、既存の権力体制を変化させるものではなく、デザインが単に課題解決の道具として活用されるという批判もあります。このアプローチにおけるさまざまなステークホルダーの参加についても議論がなされていますが、専門知識や合理性に基づく判断をするという特徴から、実践例の多くが専門家主導であると考えられます。

縦軸の2つ目は「探索としてのデザイン」です。これは、多様なステークホルダーが交わった創発的な実践を通じて、**今までになかった創造的で斬新な解決策を発見する**ことが目的となります。マンズィーニのデザインモードマップで説明した、意味形成（sense-making）のためのデザインが近いと言えるでしょう。また、調査や議論を通して何をデザインするか要件を決定していくファジー・フロント・エンドと呼ばれる部分とも重なるところがあります。このような志向性を持ち実施される探索的な活動は、説明責任など拘束されるものが多い状況にある政策の現場において、既成概念にとらわれず仮説思考で解決策をつくることを可能にし、イノベーションを促進するとされます。

しかし、探索としてのデザインは元々の課題設定を顧みず実施されることも多く、政治的なプロセスで決定されていく部分に対しても介入しようとするものであり、既存の制度との緊張関係を生み出す可能性があります。

このように、政策デザインの目的は「最適化」と「探索」の2つに大きく分けられますが、デザインプロセスでは、解決策の検討（＝最適化）から課題設定（＝探索）に立ち戻るという反復プロセスは当たり前のものです。一方で、現状の政策立案プロセスは、意思決定や予算策定、実施など直線的に進められていくものであるため、その兼ね合いが難しいことが指摘されています[2]。反復的なプロセスを実施するためには、PSIラボなど通常の政策形成プロセスから距離をとった柔軟な場所での実施が有望な手段とされますが、ラボという組織の持続可能性については不明点が多いところがあることも指摘されています[3・4]。

## 政策デザインのマインドセット：共創志向と専門志向

続いて、横軸には「共創志向」と「専門志向」の2つが位置づけられます。共創志向では、**政策によって影響を受ける関係者自身が問題と解決策の定義に関与する**ということが目的とされます。行政革新におけるガバナンス論などと対応しながら、行政のみならず、市民や企業など多様な主体が協働して政策立案を行うことで学習と合意形成を目指します。一方の専門志向は、**行政職員も含めたその分野の有識者や実務家など専門的知識を持つ者が問題と解決策の定義を行う**という、行政組織としては馴染みのある形式です。

前述の「最適化」と「探索」では、政策立案を行う主体にとっての目的を指しているのに対し、「共創」と「専門」は、政策立案に参加する主体や関わり方という異なるレイヤーの物事を意味します。その2軸を組み合わせて作成されたのが先の図です。たとえば、「最適化」と「共創」の組み合わせからは、政策やサービスの影響を受ける市民が参加することでその効果を最大化しようとする議論が生まれ、「探索」と「共創」からは、より民主主義的なプロセスによって構造化されていない課題をどう定義するかといった議論が可能になります。

このように、政策立案にデザイン手法を活用すると言っても多様な目的や志向性があり、どの視点から検討しようとしているのかということはまず押さえておく必要があります。

## 2-2 政策立案と実施において デザインを実践する段階とプロセス

この節では、政策立案と実施、それぞれの段階でどのようにデザイン手法が活用できるのかを解説していきます。「政策」という言葉それ自体にも幅広い意味が含まれます。まずは、政策とは何か、という部分から話を始めましょう。

### そもそも政策とは何か

先ほど、「政策」という言葉は幅広い意味で使われると述べました。本書は公共政策の専門書ではありませんが、基本的な部分で共通の理解をしておくために、政策という言葉を**プロセスと階層**の2つの側面から説明します。

さて、政策の立案と実施とはどのような流れで行われるのでしょうか。それをさまざまな段階を経て進められるものと捉えるモデルとして、**「政策過程の段階モデル」**というものがあります[5]。

公共政策は「公共的問題を解決するための、解決の方向性と具体的手段」と定義することができ[6]、政策過程の段階モデルでは図8の通りさまざまな段階を経て政策が実現されます。

アジェンダとは、政策決定に関わる人々が注意を向ける論点や課題を意味します。つまりアジェンダ設定とは、何を政策的に対応すべき課題と捉えるか決定するということです。

政策案は、設定された課題を解決するさまざまな方法のことであり、しばしば課題とセットで議論され、その選択自体が政策的な議論の中心となることもあります。

政策決定は、課題や解決策の中から何を選ぶかということであり、政治家や行政職員、業界団体の駆け引き、また世論などを踏まえながら、計画策定や予算編成プロセスなどを通して決定されていきます。

実施は、決定した政策を実際に行うことであり、行政組織が自ら行うこともあれば、業務委託などのかたちで民間企業や団体が担うことも多くあります。

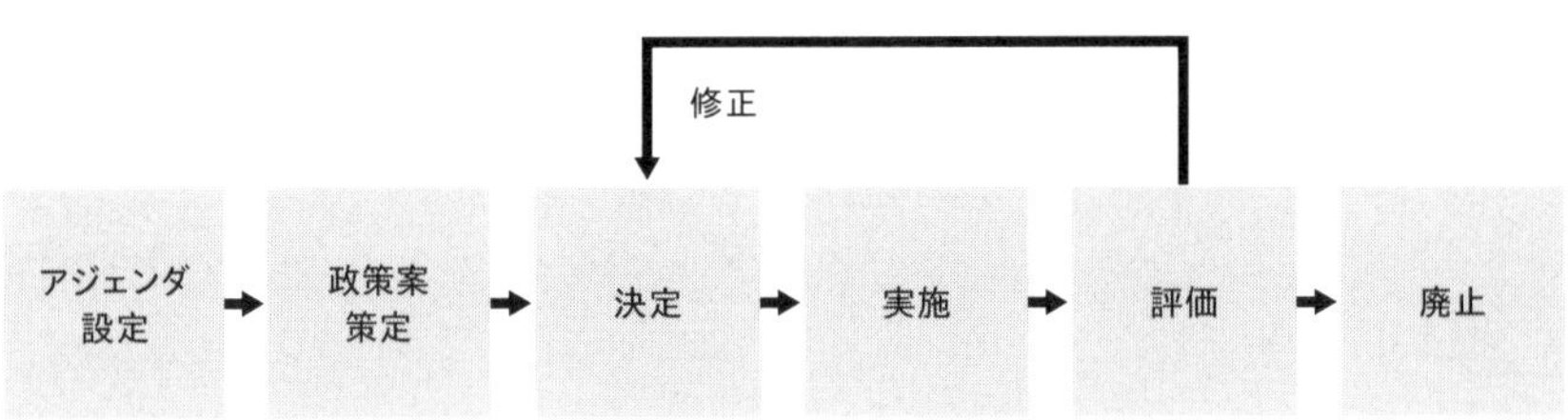


図8 政策過程の段階モデル

最後に、実施された政策は評価され、その後の政策改善や政策の廃止につながっていきます。

また、政策は図9のように、**政策（Policy）**、**施策（Program）**、**事業（Project）** 3つの階層から成り立つ特性があるとされます[7]。

まず、「政策」と呼ばれるものは、特定の課題に対応するための**「将来像や基本的方針」**を意味します。たとえば農業政策を例にすると、「地域の農業をどのような方向性で取り扱っていくか」を決めるということです。言葉にすると、「活力ある農業の育成」といったものになります。大きな方向性を示すものであり、抽象的すぎると感じられる方も多いのではないかと思います。

次に「施策」とは、政策で提示された将来像や基本的方針を実現するための**「具体的方針や対策」**のことを言います。農業政策の例で掲げた政策「活力ある農業の育成」を実現するため、「農業の担い手の確保」をしたり「農産物の付加価値化」を行う、といったものです。

そして最後に「事業」ですが、これは施策で提示された具体的方針や対策を実現するための「具体的な手段や活動」のことを意味します。たとえば、施策で掲げた「農業の担い手確保」のために、「新

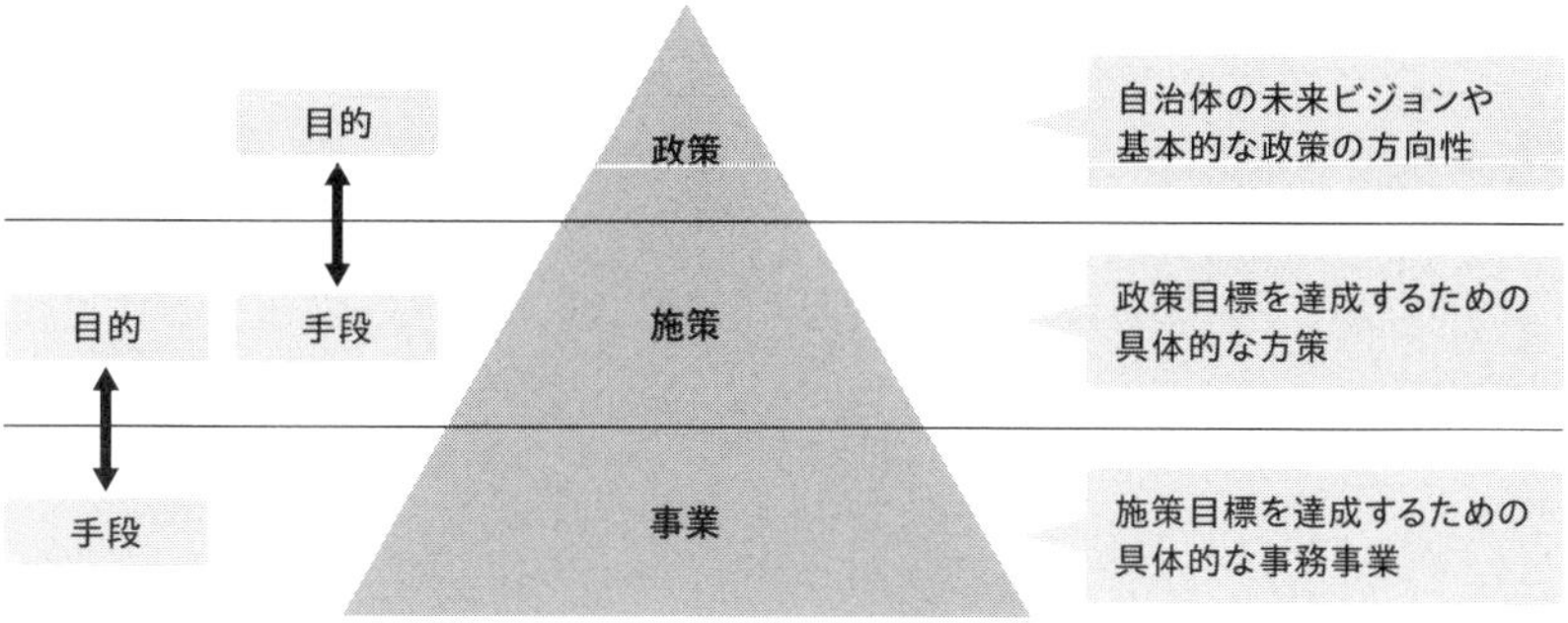


図9 政策・施策・事業の関係性

規就農者への補助金や技術支援を行う」といったことです。

政策、施策、事業は、それぞれが「目的–手段」関係として連なったものです。政策と一言に言っても、このように異なるレベルのものが含まれています。「政策」という言葉は、現場ではしばしば狭義の政策から事業まで幅広いものを指して使用される点には注意が必要です。本書においても、政策という言葉を狭義の政策から事業までの広い概念を含んだものとして使用しています。しかし、この後のプロセスの説明ではわかりやすいように、意識的に政策や事業という言葉を使い分けてお話ししていきます[8]。

## 5段階のプロセス

政策という言葉についての共通理解を深めたところで、ここから具体的に政策立案・実施におけるデザイン手法活用の方法について見ていきたいと思います。先ほどご紹介した「政策過程の段階モデル」を参考にしつつ、以下の5つの段階に場面を分けて（図10）それぞれ説明していきます。

**❶ 課題分野を設定する**

**❷ 政策をつくる**

❸ 事業をつくる

❹ 事業を実施する

❺ 政策や事業を評価し修正する

これらの場面を順番に説明していきますが、必ず❶から実施しなければならないというわけではありません。課題分野の設定や俯瞰的な政策づくりの機会は、個別の事業づくりや事業実施に比べれば数が限られます。また、政治的な部分との兼ね合いなど偶発的な部分もあります。実際には、できるところからやるということが大事になるでしょう。

## ❶ 課題分野を設定する

最初は、何を政策課題とするかを設定する場面です。具体的には、そもそも何をテーマに議論をしていくか、現状やこれまでの政策、関連する計画などを確認していくところです。

すでに何らか関連する事業が実施されている政策分野であれば、これまでの実施事項の確認やその評価を行うことになります。また、新たに政策課題を設定しようとするのであれば、その課題に関連する領域が地域において現状どうなっているか調査をすることが必要です。

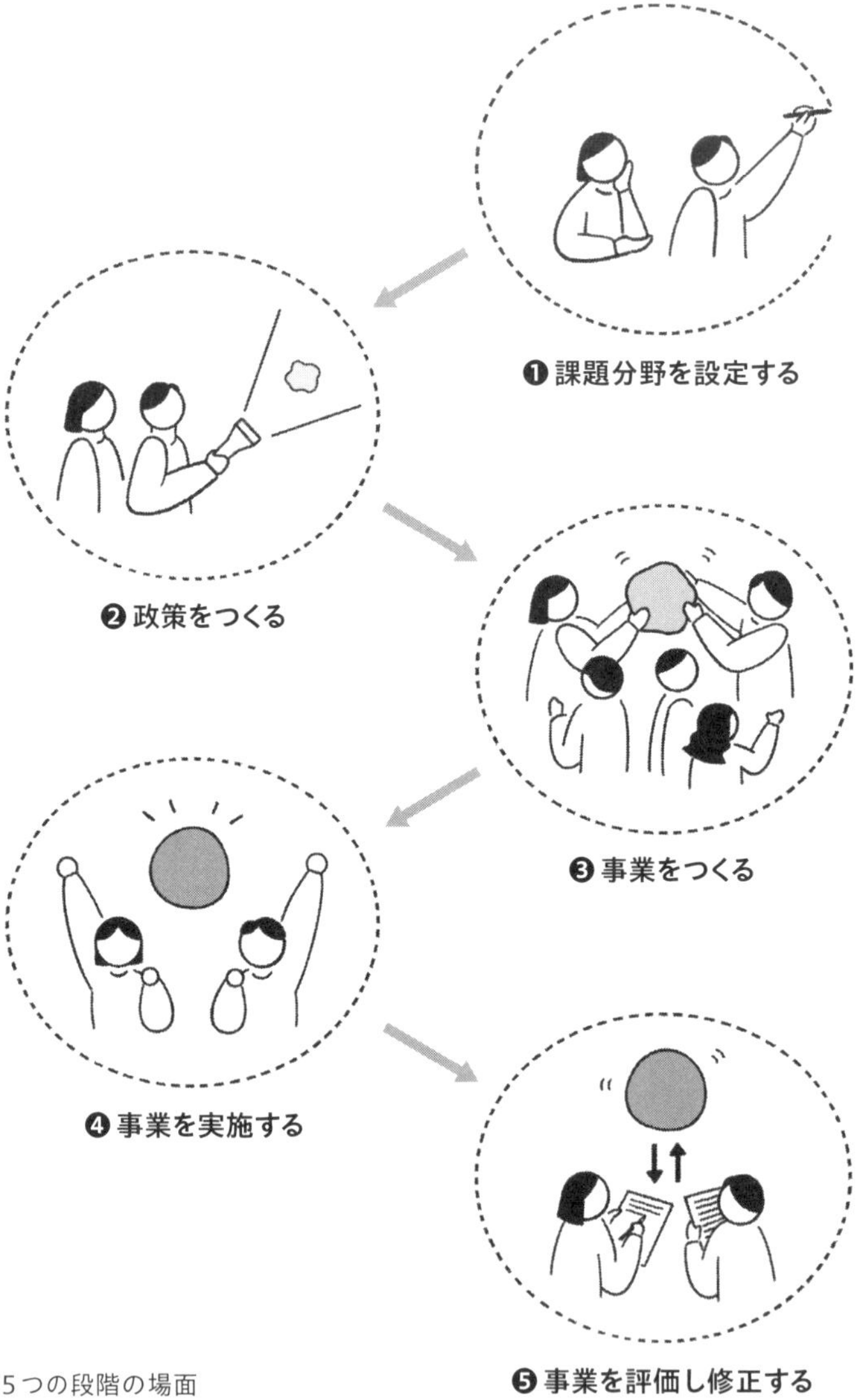
❶ 課題分野を設定する
❷ 政策をつくる
❸ 事業をつくる
❹ 事業を実施する
❺ 事業を評価し修正する

図10 5つの段階の場面

現状調査については、サービスの利用状況の確認や住民アンケートの結果など定量的なものがよく行われていると思いますが、それだけでなく、実際に対象者にインタビューをしたり現場を観察するなど**定性的なものを組み合わせて行う**ことが重要となります。

定量的なデータを使って総括を行うだけでは、そのデータの背景にある意味やそれぞれの項目の関連性を理解することが難しく、場合によっては政策立案に関わる関係者の過去の経験や勘といった勝手な解釈によって現状が整理されてしまう恐れがあります。**数字だけでなく、それを取り巻く文脈も合わせて調査する**ということが大切です。

また、現状確認に合わせて、関連する法律や行政計画を確認することも必要となるでしょう。行政組織が行う事業は、法律で実施が定められたものや自治体独自の事業であっても、何らかの計画に基づくものであることがほとんどです。たとえば毎年の予算編成時に、事業と計画との関連性について明記する必要がある自治体もあるかと思います。

加えて、自治体首長など政治リーダーのマニフェストや中央省庁での議論の方向性などにも注意しておく必要があります。政策の意図にかかわらず、多くの人に影響を与える公共的な政策を取り扱う以上、過去に実施した政策や事業との関係性や整合性を確認する必要もあります。適切と思われる変更を行う際にも、なぜそれが適切なのかという説明が求められます。民間企業の新規事業開発などとは異なり、行政は何もないところから新しく何かをつくるという機会はあまりないと言えます。まず、**前提となるものや制約事項を確認し、どこにどの程度自由度があるのかを把握する**ことは、この後の政策をつくるプロセスの前段階として重要です。

その他、現在顕在化していない課題群についてあらかじめ備えておくため、OECD（経済協力開発機構）は「**先見的イノベーションガバナンス（Anticipatory Innovation Governance）**」という考え方を提唱しています。そこでは、未来洞察に関連した手法を用いてさまざまなありうる未来を想定し、政府が能動的に対処していく必要性を述べています。世論やコスト制約から既に見えている課題に事後的に対応していくことが多い行政ですが、中長期的な計画を立案する場面ではこのような視点を持った取り組みも必要となるでしょう。

## 課題分野の設定に関連するデザイン手法

課題分野の設定に関連するデザイン手法としては、**既存の定量的な調査を補完するような定性的なもの**が主だったものになります。具体的には、定性的なデザインリサーチで多く活用される、対象者の価値観に深く迫るデプスインタビューや、人々の無意識の行動から意味を見出す行動観察、また自ら実際にサービスを体験し振り返るサービスサファリなどが挙げられます。これらの手法を定量データの分析と組み合わせ、現状を理解していくことが重要になります。

また、前提条件の整理のためにはステークホルダーマップやシステムマップといった、人や組織、物事との関連性を図示するような手法が有効に活用できると考えられます。たとえば、「移住促進」のような特定のテーマから出発しても、観光や都市計画、教育など関連して多くの物事が紐付いていることが視覚的に整理できます。このように可視化をしてまとめることで、部門を横断して説明もしやすくなります。

事例——滋賀県

## 「ポストコロナにおける滋賀県の姿を考える」

滋賀県では、新型コロナウイルスの感染が拡大する2020年に、知事公室秘書課と総合企画部企画調整課が事務局となり、「ポストコロナの社会の姿」を検討することを目的とした若手職員によるワーキンググループ活動が行われました。検討においては、Policy Lab. Shigaの経験もふまえペルソナ作成（P.186）の手法が活用され、ポストコロナの2030年を生きる人々の人物像と、彼／彼女らの2030年の生活に関する物語が作成されました（図11、12）。2030年は2019年に策定された滋賀県基本構想の終了年度でもあり、基本構想を基盤とし、感染症の影響を踏まえつつその社会の姿を具体的に想像する役割を持ちました。

ワーキンググループには、事務職だけでなく土木や教員など専門職も含めた幅広いメンバー約20名が公募により参加。2030年を担う世代という視点から、主に二十代～三十代の若手職員が集まりました。活動期間は次年度予算編成との兼ね合いからおよそ1ヶ月と短期間でしたが、その間に職員や一般市民へのインタビュー実施や専門家のアドバイスを受けながら、計8名のペルソナが作成されました。予算編成にあたって、知事からペルソナに関連した事業を検討するよう指示があり、複数の課において実際に次年度の事業を検討する際に参照され、部署内や財政担当課への説明でも使用されました。ペルソナという具体的な人物像の作成と共感を通して、ポストコロナの未来社会のあり方を想像し、政策課題自体を検討したためずらしい例と言えるでしょう。

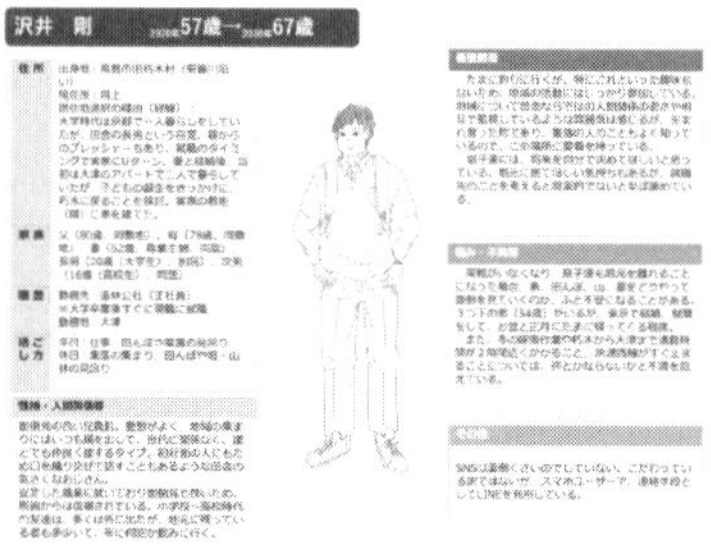


図11　ワーキンググループが作成したペルソナ

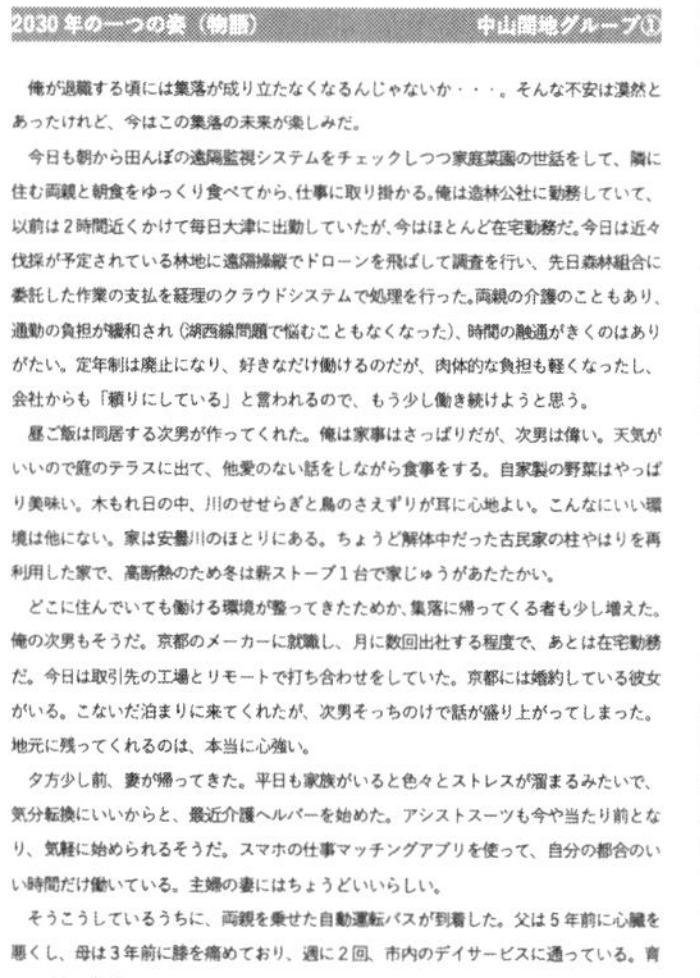

**2030年の一つの姿（物語）**　**中山間地グループ①**

俺が退職する頃には集落が成り立たなくなるんじゃないか・・・。そんな不安は漠然とあったけれど、今はこの集落の未来が楽しみだ。

今日も朝から田んぼの遠隔監視システムをチェックしつつ家庭菜園の世話をして、隣に住む両親と朝食をゆっくり食べてから、仕事に取り掛かる。俺は造林公社に勤務していて、以前は2時間近くかけて毎日大津に出勤していたが、今はほとんど在宅勤務だ。今日は近々伐採が予定されている林地に遠隔操縦でドローンを飛ばして調査を行い、先日森林組合に委託した作業の支払を経理のクラウドシステムで処理を行った。両親の介護のこともあり、通勤の負担が緩和され（湖西線問題で悩むこともなくなった）、時間の融通がきくのはありがたい。定年制は廃止になり、好きなだけ働けるのだが、肉体的な負担も軽くなったし、会社からも「頼りにしている」と言われるので、もう少し働き続けようと思う。

昼ご飯は同居する次男が作ってくれた。俺は家事はさっぱりだが、次男は偉い。天気がいいので庭のテラスに出て、他愛のない話をしながら食事をする。自家製の野菜はやっぱり美味い。木もれ日の中、川のせせらぎと鳥のさえずりが耳に心地よい。こんなにいい環境は他にない。家は安曇川のほとりにある。ちょうど解体中だった古民家の柱やはりを再利用した家で、高断熱のため冬は薪ストーブ1台で家じゅうがあたたかい。

どこに住んでいても働ける環境が整ってきたためか、集落に帰ってくる者も少し増えた。俺の次男もそうだ。京都のメーカーに就職し、月に数回出社する程度で、あとは在宅勤務だ。今日は取引先の工場とリモートで打ち合わせをしていた。京都には婚約している彼女がいる。こないだ泊まりに来てくれたが、次男そっちのけで話が盛り上がってしまった。地元に残ってくれるのは、本当に心強い。

夕方少し前、妻が帰ってきた。平日も家族がいると色々とストレスが溜まるみたいで、気分転換にいいからと、最近介護ヘルパーを始めた。アシストスーツも今や当たり前となり、気軽に始められるそうだ。スマホの仕事マッチングアプリを使って、自分の都合のいい時間だけ働いている。主婦の妻にはちょうどいいらしい。

そうこうしているうちに、両親を乗せた自動運転バスが到着した。父は5年前に心臓を悪くし、母は3年前に膝を痛めており、週に2回、市内のデイサービスに通っている。育ててくれた両親をできるだけ見守っていきたい。在宅勤務ならそれが可能だ。

父は昔、炭焼き職人をしていた。若い頃はかなり稼いだそうだが、電気や石油の登場で瞬く間に売れなくなってしまい、今度はスギやヒノキを植える作業員になった。だから今でも山のことは気になるみたいだ。

図12　ペルソナの2030年のストーリー

## ❷政策をつくる

次の段階は、設定された課題分野について、具体的な政策課題の定義とその解決の方向性を検討する段階です。

たとえば、何らかの計画を策定するということは、その分野についての目指すべき方向性、つまり狭義の政策と施策を定めるということになります。先ほど述べたように、行政の行う政策は基本的に何らかの計画に沿ったものになります。基づく計画が市民や自治体議会に認められたものであるからこそ、そのために政策を立案し実施することが正当化されるのです。

計画づくりの際には、通常審議会や委員会というかたちで学識経験者や市民の代表者が集まった会議体が組成され、行政側の用意した論点や素案を基に、それぞれの委員が意見を述べるかたちで進められることが多くあります。しかし、議論される政策の受け手や実施のパートナーとなりうる団体が必ずしも委員として参画していない、というような参加主体に関する限界もあれば、会議体として集まる機会が数回と限定されること、会議の形式として事前配布された資料を確認し、気になった点を各委員が順に述べる形式で進められることがしばしば見受けられるなど、会議進行プロセスの限界もあります。せっかくこのような機会をつくるのであれば、会議体をどうすればより有意義な場にできるかということも大切な視点となります。

また、計画は数年から十数年と中長期にわたる事項を定めたものが多いため、それだけ先の未来をどのように想像し、議論を行うことができるかということも重要となります。未来を見据えた検討の方向性としては2パターンあります。まず1つ目は、過去から現在までの経緯を振り返り、現状からの積み上げにおいて中長期の計画を検討するパターン。そして2つ目に、不確実ではあるが、あり得る未来像や望ましいと考える未来像から現在に立ち戻るバックキャスティングを行い、そこに至るための道筋を考えるというパターンです。多くの場合は積み上げ式で行われることが多いと思われますが、それだけでなく、**あり得る未来の想像やバックキャスティングでの議論をしていく部分をいかに補強できるか**が重要となるでしょう。

## 政策づくりに関連するデザイン手法

現状からの積み上げ方向での検討では、定量的なデータ分析だけでなく、ユーザー調査に基づいた定性的情報のインプットなどが考えられます。また未来からのバックキャスティングでの検討では、未来洞察やシナリオプランニングの手法が活用できます。

また、審議会や委員会という会議体の場自体がうまく機能するよう、準備やファシリテーションを行うことも重要です。ワークシートなど参加者の知識や意見をうまく引き出すようなツールの作成や、グラフィックで視覚的に情報整理するといった可視化をしながら、場の進行や実施内容の記録を行うことも有効です。

計画に対する意見を求めるためには、その前提となる調査内容や想定する未来社会像、また計画自体が、理解しやすいかたちで伝達される必要があります。そのようなコミュニケーションにおける視覚表現や、意見を投稿したくなるような仕組みづくりなども考えられます。

**事例――横浜市**

## 「横浜市環境管理計画」策定における未来洞察の活用

横浜市では新たな「横浜市環境管理計画」の策定に際して、2050年に向けた環境の将来像と政策をワークショップ形式で検討する庁内プロジェクトを発足し、未来洞察の手法を用いた検討が行われました。実施の背景として、環境に関する課題がより複雑で多様になっているなか、複数の部署に関係する課題について、共通のビジョンとして描きにくくなっている、現状の延長線上の政策から発想を広げにくい、という問題意識がありました。

「将来実現したい横浜の環境の姿」と「実現に向けて取り組むべき政策・施策」を検討するため、環境部局の職員のみならず、総合的な政策やまちづくりに関わる部署など幅広い部署から職員が参加し、ワークショップ形式で検討が行われました。検討にあたっては、「情報収集の範囲を意識的に広げること」「社会変化による影響を自分の仕事にひきつけて考えること」、また「未来を、自ら（主体的に）考えること」「政策は未来起点で考えること」という意識が大切であったと言います。

　プロジェクトは約9ヶ月間で行われ、未来の社会変化シナリオや横浜市としてのありたい姿の検討を通して、2050年に向けた政策の方針案を作成。さらにその方針を2025年まで、2040年まで、2050年までと分解したうえで、将来像を実現させるために各段階で何を実施すべきかバックキャスティングで検討され、施策案集として取りまとめられました（図13）。検討の内容は市の環境創造審議会において共有され、審議会の議論なども踏まえ計画が策定される予定です。また、本計画の策定以外にも職員自らの手で未来洞察手法を用いた検討が行われるなど、「未来起点で、これまでよりも幅広い情報をもとに検討する」取り組みが継続して行われ

図13 横浜市環境創造審議会での報告資料

ています。

社会環境の変化が激しいデザインモードの現代において、時に10～20年といった中長期の計画やビジョン策定が行政組織には求められます。横浜市による不確実性を意識的に織り込んだ未来洞察手法の活用は、日本の自治体における先見的ガバナンス実践の先進的な例と言えるのではないでしょうか。

事例――豊田市

## 「生涯学習審議会グラフィックレコーディング」

2022年～23年度に実施された豊田市生涯学習審議会では、「人生100年時代における学びのあり方と方策について」をテーマに検討された審議会の内容を、グラフィックレコーディング（以下グラレコ）というかたちでまとめ公開しています（図14）。審議会を担当する職員が過去にグラレコを業務で活用した経験があり、今回の審議会でも庁内外にわかりやすく内容を伝えるため活用したいと思ったことがきっかけでした。

グラレコは参考資料という位置づけですが、重要なキーワードなどを議事録の速報版を基に補足し、審議会委員にも確認のうえ公開されています。その他、庁内他部署や外部のパートナー組織への事業説明などにおいて、議論の概要をわかりやすく示すために活用されています。また、この活動がきっかけで総合計画策定に関する地域会議など他の機会にも活用が広がっています。

このように、審議会や委員会などの議論内容をグラレコなどのわかりやすいかたちで記録し公開されている事例は複数挙げられます。議論を可視化することで検討の場自体が盛り上がったり、その場に参加していない市民にとっても親しみやすいものになるなど、プラスの効果が期待されます(図15)。

グラレコの活用はさまざまな自治体に広がりを見せていますが、本事例で特徴的なのは、グラレコを作成したのが豊田市役所職員であるということです。審議会担当者がグラレコ実施に興味があ

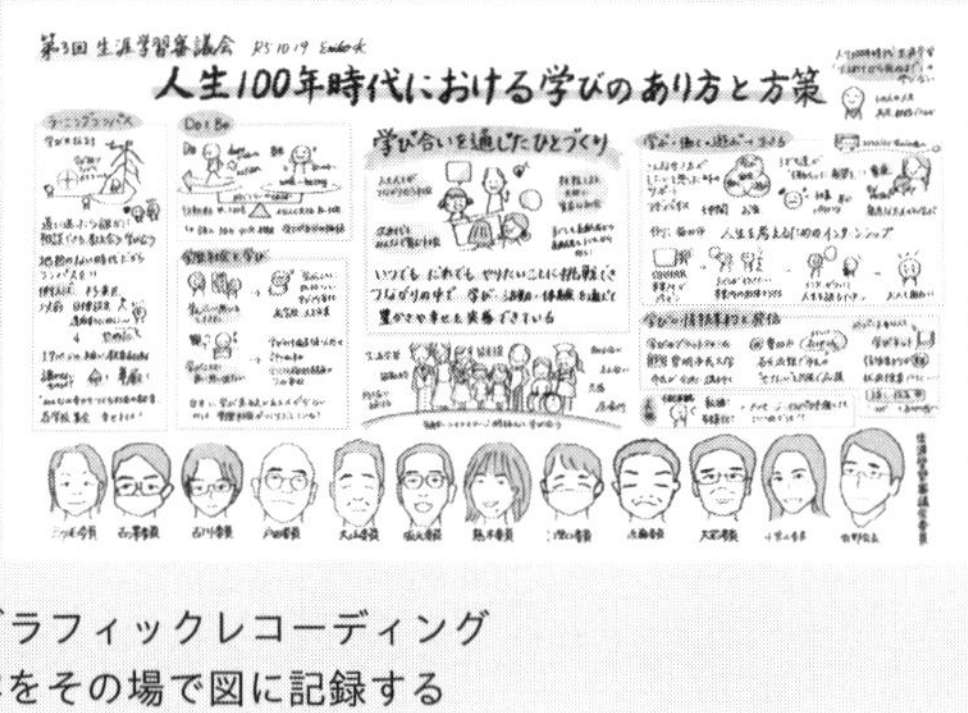

(右) 図14 職員によって作成されたグラフィックレコーディング
(左) 図15 プレゼンテーションの内容をその場で図に記録する

る人を職員に限らず募集したところ、複数の職員から手が上がり、実験的に始められました。当初はグラレコを公開する予定はなく、練習というような位置づけでしたが、成果物の出来がよかったことから実際の活用につながりました。

描いた職員はデザインの勉強を専門的にしていたわけではなく、グラレコを作成するのはこれが初めてだったそうです。グラレコの作成方法は一般公開されているレクチャー動画や他の作例を参照しながらほぼ独学で学んだとのこと。外部に依頼するのではなく職員自ら描くことで実施のハードルが下がり、庁内での親しみやすさにもつながっているように感じられます。また、職員は業務だけでなく、市民活動の現場でも活動の幅を広げているそうです。

完璧でなくとも、まず実際にやってみることからその後の活動が広がっていったという点でも、よい事例と言えるでしょう。

## ❸事業をつくる

3つ目は、計画などの政策に基づき、具体的な事業を検討する場面です。

計画は政策の大きな方向性を指し示すものとして重要ですが、そこで検討された目指す姿や目標を達成するための具体的な事業内容についても、一貫して検討されることは同様に重要です。しばしば見られるのは、立派な計画ができあがったものの具体的な行動が伴わない場合や、計画の趣旨とずれた具体策が実行されるような事態です。

事業づくりの段階では、事業レベルでの政策案を検討していくことになります。政策体系で言うところの施策レベルの話はビジョンや計画の中で基本的に検討されているため、そこから予算要求が可能なレベルの事務事業まで落とし込むことが、この段階での目標となります。

事業案が決定したら、次は予算の確保が必要となります。事業の実施にかかる費用を積算し、その必要性と予算要求が合理的な水準であることの説明を、自治体財政担当課や庁内幹部、また議会に説明しなければなりません。自由に采配できる自治体の予算は非常に限られているため、新規事業を行う際には予算の確保がとりわけ重要となります。

予算要求の際には、策定されている計画との関連性の明示や、自治体の一般財源だけではなく国の事業や補助金などを活用できないか検討されます。時折起こるのが、異なる部署から似た趣旨の事業案予算要求が行われるということです。計画策定などの政策検討の時点で、関連しそうな部署に声掛けをして実施していくということが必要となるでしょう。

事業案の検討は毎年の予算編成プロセスに合わせて行われますが、日々の作業や事業実施と並行した作業は慌ただしいものになります。そのため、日頃からアイデアをストックしておくなど準備が重要となります。

## 事業づくりに関連するデザイン手法

このステップは具体的な事業案を検討する段階であるため、サービスデザインの領域で用いられるデザイン手法が効果を発揮します。政策の対象となるユーザー調査から、ペルソナ作成というかたちでの対象者像の明確化、現状と理想のジャーニーマップの作成を通した課題の明確化などが関連します。

事業案における課題設定の部分は、計画策定の部分で行われた調査が流用できる部分もあるため、それらの情報も確認のうえ、調査領域の確定やより詳細な調査内容を決めていく必要があります。

「アイデア」とは、目的と手段の組み合わせであることを意識し、具体的な事業アイデアを出す前に解くべき課題を設定することが重要です。その際は、課題を「どうすれば◯◯できるか？」といった問いの形で整理しておくとよいでしょう。

アイデア創出については、複数人でアイデアを出し合うブレインストーミングや、他分野の事例をもとに発想するアナロジー思考、縦軸横軸に検討視点を並べたマトリックスを用いた強制発想法など、アイデアの量を出すための方法があります。また、絞り込みの際には、判断軸の議論とそれに基づいた分類や優先順位づけなどを行っていきます。また、事業案を考える段階でプロトタイピングを行いたいところですが、現実には難しいため、対象者にとっての価値の検証に的を絞って、ストーリーを絵や文章で表現して反応を伺うといったことなどが考えられます。

また予算要求の際には、政策の趣旨が伝わりやすいような資料として、事業の大切な要素を極力シンプルに表した図解や、事業と関連する計画や目標の対応をロジックモデルのようなかたちで示すことも可能でしょう。さらに、政策や事業の受け手視点から見た事業の意義についてストーリー形式で伝えるということも、事業の必要性や具体的なイメージを財政担当課と共有するうえで有効に働きます。

**事例——佐賀県**

## 「さがデザイン」

佐賀県では2015年に、政策にデザイン視点を取り入れるため「さがデザイン」という組織・仕組みを立ち上げました（図16）。知事の発案によりスタートしたさがデザインは、鳥瞰的な視点から県政を見る政策部内に位置づけられ、2名から始まったチームには、リーダーの副部長級職員を含め現在5名の専任職員が所属しています。

「1. 佐賀ゆかりのクリエイターと県庁各課をつなぐハブ（拠点）となること。」「2. プロジェクトごとのコンセプトを大切にすること。」「3. プロジェクトを進める上で、それぞれの事業スキームを整えること。」の3点をポリシーとして掲げ、事業内容に応じて庁内外との調整や、100名を超える佐賀ゆかりのクリエイターとのネットワークを活かした事業支援などを行っています。

職員は常時1人あたり20〜30件の事業を並行して担当します。外部のクリエイターと協働してプロジェクトを進めることもありますが、担当職員自らもデザイン視点で課題にアプローチし、事業の計画段階から実施段階までの各段階で伴走支援を行います（図17）。具体的には、達成したい目的に対し、実施する取り組みが合っているか、ターゲット設定が適切であるか、外部委託する際の仕様書が的確かなどの視点で事業担当課の支援をしています。外部から理解しがたい行政ならではの課題についてもアドバイスができるなど、同じ自治体の職員だからこそできる伴走支援であり、それこそが最大の特徴と言えるでしょう。

担当職員は3〜4年の周期で

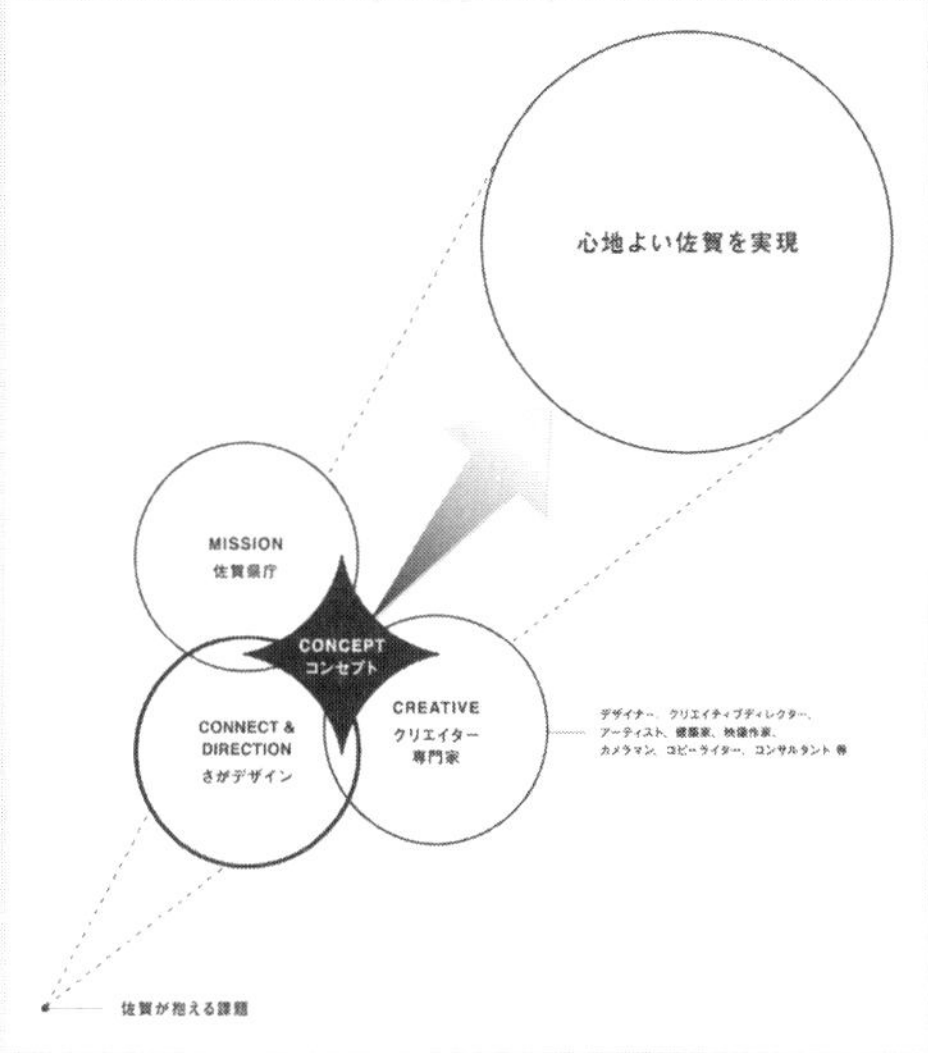


図16 さがデザインの概念図

異動がありますが、デザインにこれまで携わったことのない職員であってもプロジェクトの伴走を通しデザイン視点を獲得するという人材育成にもつながっているようです。話を聞いた担当職員からは、「さがデザインでの業務を通して、前例踏襲ではなく、そもそもの目的やそれを達成するための方法を考える視点が身についた」というコメントもありました。

行政職員も一人の市民であり、生活者・利用者としての視点を持っています。行政としての大局観を持ちながら、そのような人としての視点を発揮できる役割づけがうまく行われているように感じられます。また、専門家との協働を通して職員自身がデザイン視点を磨くことで、「中の人」だからこそできるデザインの実践が行われている好事例と言えるでしょう。

図17　同じ自治体の職員だからこそできるデザイン視点で伴走支援

事例――福井県

## 「政策オープンイノベーション」

福井県では、2019年から、「県民参加の促進や主体的な活動の応援」「県庁外部人材の知見活用」を通し、よりオープンな政策づくりを行う新たな県政運営スタイル「政策オープンイノベーション」への刷新を図っており、その中のひとつに、創造性を重視した「デザイン思考に基づく県政運営」を掲げています。

デザイン思考を「物事の本質を見極め、自由な発想で解決のアイデアを示す」こととして捉え、地域戦略部未来戦略課（当時）内に協働・共創のためのプラットフォームとして「パブリックデザインラボふくい」を開設。庁内事業担当課の相談対応や県内のデザイン専門家やクリエイターなどとのネットワークづくりを行っています。

政策にデザインの視点を取り入れる具体的な方法として、県の重点施策など特に政策的な重要度が高い事項をテーマに、知事や部長級幹部職員とクリエイターが直接意見交換をする「政策デザイ

図18　知事や幹部職員とクリエイターが直接意見交換をする「政策デザインミーティング」

ンミーティング」（図18）や、具体的な事業内容を検討する際に事業担当課とクリエイターが協働する「政策デザインワークショップ」（図19）を実施しています。また、県庁職員とクリエイターによる検討だけでなく、政策立案にあたり本質的な課題を探り、アプローチの方向性を検討するため、課題の当事者や関係者に対してヒアリングを行う「課題リサーチ」という活動も行っています。

活動の運営は未来戦略課が行い、各回のワークショップなどにはテーマに合わせて未来戦略課が選定する複数名のクリエイターと、事業担当課からは必要な意思決定のできる職位の職員が参加します。実施時期としては、毎年の予算編成に合わせて行われるものもあれば、予算が確定したあと本格的に事業が動き出す前のタイミングで庁内に参加を呼びかけることもあるといいます。

図19 「政策デザインワークショップ」では具体的な事業内容案を検討

予算編成方針において「政策デザイン」や「専門家意見の反映」が明記されており、これらの活動での議論がそのままにされるのではなく、予算策定にも一定反映されるようになっています。事業内容を考えるところからデザインの専門家が入ることによって、事業の可能性を広げることができている事例と言えるでしょう。

### ❹事業を実施する

予算要求により事業予算が確保されたら、具体的な事業の設計と実施となります。

事業案の検討時点で、政策の受け手にとっての価値は十分検討されているとして、この段階では細かな実施方法や仕組みの部分を検討します。たとえば、事業をどのようなパートナーとともに実施するのかといった体制面の検討や、具体的にどのようなスケジュール感で事業を行うかといった部分です。事業案の検討時点で想定していた対象者のジャーニーマップなどについて確認をしつつ、細かなやりとりの部分を詰めていくことになります。事業の外部委託を行う場合、このような項目は仕様書としてまとめられます。プロポーザル方式で委託者を決定する場合でも、仕様書によって提案の内容が大きく変わるため、**どのような仕様書を作成するかは大変重要**です。

また、新たな事業を設計するにせよ、現状のものを改善するにせよ、多様なステークホルダーがよりよく協力して実施するためには、**目指す目標やどのような背景から検討されたものなのか**、事業の関係者が理解できるよう説明を丁寧に行うことが重要となるでしょう。

事業を具体的な部分まで設計できたらいよいよ実施です。実施にあたっても、事業づくりの流れを知る人が継続的に関わることで、当初の検討と実施内容に齟齬がないか、また実施内容自体には問題がなかったとしても結果が芳しくない場合にどのように修正していくべきか、スムーズに追加の検討を行うことができるでしょう。

政策については本番環境での事前のプロトタイピングが難しい場合が多いため、可能であれば政策実施の初期段階はプロトタイピングの要素も含まれるものとして捉えられると理想的です。事業開発から実施の流れの中で、実施前半についてはその後の予算やスケジュールに修正の余地を残しておくようにすることで、仮説検証の要素を一部でも含めることができます。事業の詳細設計と実施は実際には一体のものとして、1年間の事業年度の中で反復しながら進められることになります。民間への業務委託というかたちで実施される事業もありますが、次年度以降の仕様書の改善などにもつながるため、丸投げにするのではなく**一緒に仮説検証していくという姿勢**が重要です。

## 事業の実施に関連するデザイン手法

事業案づくりの中で作成したジャーニーマップなどを基に、ユーザーにとっての価値を確認したうえで、それを実現する方法を検討する必要があります。事業に関連するステークホルダーマップを更新したうえで、事業における対象者との接点（フロントエンド）だけでなく、事業実施側のスタッフやシステム（バックエンド）も含めた検討をするサービスブループリントが挙げられます。また全体を通して、事業の受け手であるユーザー視点での検証が必要であり、ユーザーリサーチの視点も欠かせないものとなります。

事業の実施においては、作成されたジャーニーマップやサービスブループリントを手がかりに実施が進められます。それらを実施の際の設計図として活用することで、検討と実施のギャップが明確になり、今後の修正や改善につなげることができるでしょう。また、「プロトタイピング」という心持ちや考え方自体を実施に関わるメンバーが共有し、取り入れることで、実施する際に検証のための記録をしっかりと残しておいたり、改善アイデアを自分ごととして発想するということが可能になります。

事例——東京都

## 「サービスデザインガイドライン」

東京都では、提供するデジタルサービスが各局によって開発・運用されているため、目指すべき水準や品質が一定ではないことに課題意識を持ち、サービス開発における共通の「価値観」と「作り方」を庁内で共有すべく行動規範とガイドラインを策定しています。行動規範としては、「デジタル10か条」として以下の10項目が掲げられています。

——＃1　顧客視点でデザインしよう

#2 シンプルなサービスを心がけよう
#3 誰ひとり取り残されないようにしよう
#4 資源（データ）を最大限に活用しよう
#5 安全安心なデジタル社会をつくろう
#6 オール東京一丸となって取り組もう
#7 都政の見える化をしよう
#8 都民と共創しよう
#9 つねに見直し、チャレンジし続けよう
#10 ともに学びつづけよう

---

また、行動規範の実践にあたって必要な技術的基準を定めたUI／UX領域のガイドラインとして、2023年に「サービスデザインガイドライン」がまとめられました（図20）。このガイドラインでは、オリジナルのツール「東京都サービスキャンバス」（図21）の作成を通して、サービスの企画段階からユーザー視点で考えることを目的としています。

ガイドラインは、デジタルサービス局職員を中心に、東京都デジタルサービス会議内のUI／UXワーキンググループの意見を聞きながら作成されました。作成の際には都職員へのインタビューや、プロトタイプ作成を通したレビューと改善が反復的

に行われ、職員にとって理解・実践しやすいガイドラインとなるよう作成自体もデザインプロセスを用いて実施されました。

また、サービスデザインガイドラインの策定と同時期に、先に策定されていた「ユーザーテストガイドライン」が改定され、具体的なサービスの使いやすさのテストに加え、より上流工程であるニーズ把握のための「リサーチ」と、反復的に内容を確認する「プロトタイピング」が実施項目として新たに位置づけられました。このように、サービスの企画から実施までが一貫性を持ったものになるよう配慮されています。この2つのガイドラインは統合され、現場での実践などをふまえながら継続的に更新されていく予定です。

また、現場でガイドラインの実装を支援するために、Eラーニングの動画を作成したり、ワークショップを実施して知識をスキルにつなげるための活動を行いながら、職員のレベルアップを促しています。

行政のプロジェクトは民間企業に比べ情報公開がしやすく、東京都のガイドラインもホームページで一般公開されています。このようなガイドラインを自前で検討・整備することが難しい自治体は多いですが、紹介した事例のように、公開されている良質のガイドラインを参考に自分たちに活用できる部分を検討することはできるのではないでしょうか。

よい失敗から
よいサービスへの
道が開ける
より良いサービスを作るには、ユーザーを理解し本質的な課題を突き詰めて考えることが重要です。
必要なのは、ユーザーに目を向け、ユーザーの状況や考え方を知り、解決策を形にし、実際に試してみることです。
その過程での試行錯誤の繰り返しが、分からなかったことを明らかにし、改善へのヒントを与えてくれるでしょう。
ゴールが見えにくい現代では、最初から完璧を目指すより、こうしたやり方の方が目的地により早く辿り着けるのです。
ぜひ皆さんの業務で実践してみてください。
3

図20 試行錯誤を促すガイドラインの1ページ

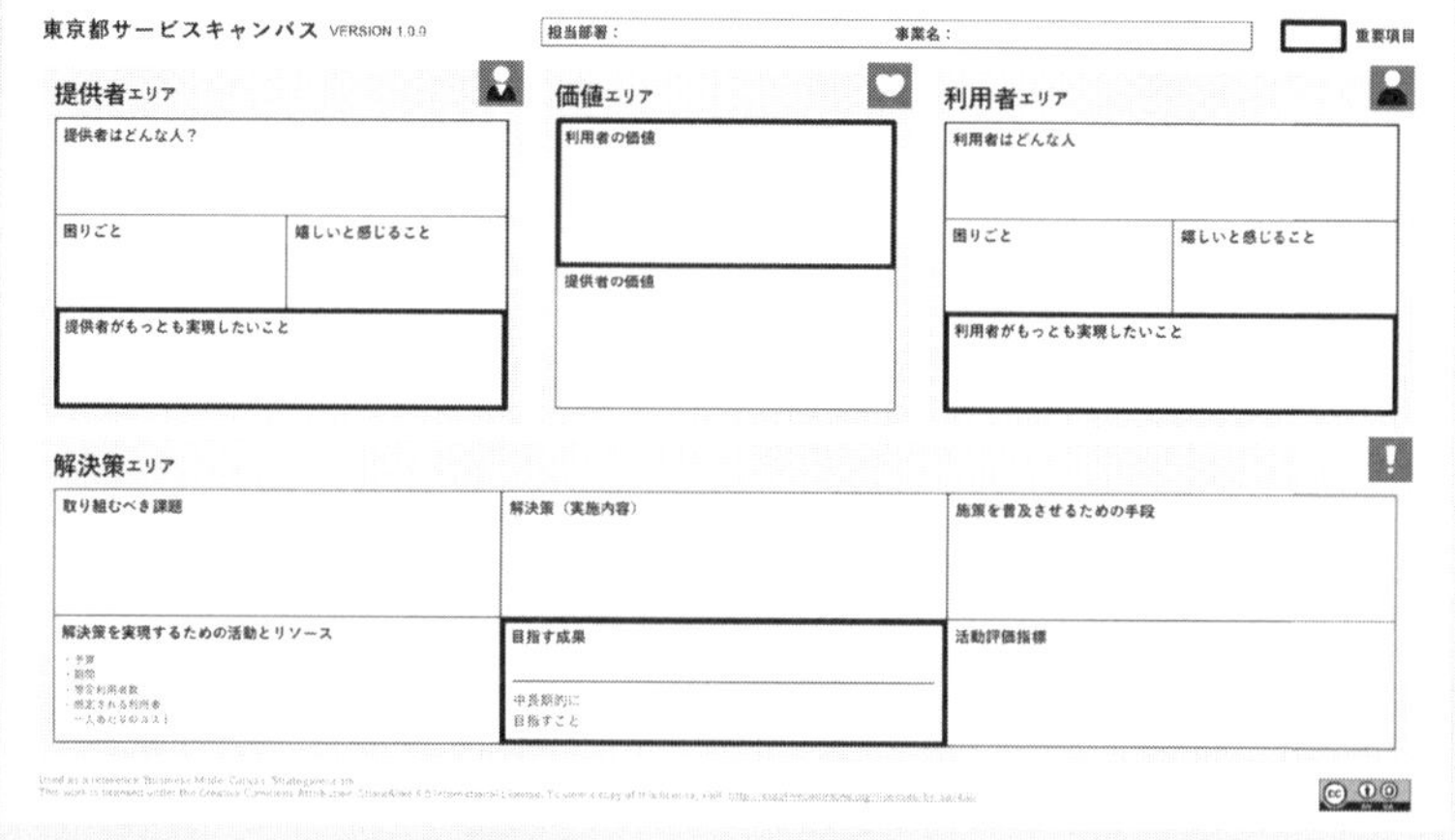
東京都サービスキャンバス VERSION 1.0.0
担当部署：
事業名：
重要項目
提供者エリア
提供者はどんな人？
困りごと
嬉しいと感じること
提供者がもっとも実現したいこと
価値エリア
利用者の価値
提供者の価値
利用者エリア
利用者はどんな人
困りごと
嬉しいと感じること
利用者がもっとも実現したいこと
解決策エリア
取り組むべき課題
解決策（実施内容）
施策を普及させるための手段
解決策を実現するための活動とリソース
目指す成果
中長期的に
目指すこと
活動評価指標

図21 東京都サービスキャンバス

### ❺政策や事業を評価し修正する

最後は、実施した政策や事業がどの程度達成できたか評価する段階です。評価は今後の政策づくりのインプットになります。

手間などの理由から事業評価が行われていない場合も多く、サンセット方式と言われるように、3~5年程度同様の事業を実施し、予算付けを政策の評価ではなく期間で区切るというケースも見られます。しかしながらデザイン手法を用いた政策立案プロセスでは、その数年間の事業期間の中で**継続的に事業の見直しを行っていく**ことが重要です。

事業の評価のためには、何を評価指標とするか事前に決めておき、それがモニタリングできるようにしておく必要があります。これまでの検討において、計画から事業までのつながりはロジックモデルなどのかたちでまとめられていれば、それをベースとして評価指標の議論が可能となるでしょう。

大きな課題としては、実施年度の途中で翌年度の事業案づくりや予算要求を行わねばならず、その年度の事業評価を次の年に反映できないということがあります。そのため、事業の実施前に複数の仮説を想定しておき、その範囲で事業内容の更新を行っていくなど、当初から可能なかたちで幅をもった構えをしておけるとよいでしょう。

当該事業の後継事業や新たな政策を検討する際に**その事業の評価が事前のインプットとなる**ため、実施と評価についてはしっかりとその内容を記録しておくという意識が重要です。

## 評価・修正に関連するデザイン手法

アンケートなどの定量的な調査だけでなく、関係するステークホルダーへのインタビューなど定性調査を組み合わせて行うことで、なぜそのような結果になったのかという数値の背景や回答の文脈部分まで把握することができます。また、事業によっては、アンケートやインタビューのように直接ユーザーに聞く以外にも、現場の行動観察などを行い、事業実施前後での変化を捉えることで、言葉に現れない事業の効果を測定することも可能となるでしょう。

事例――町田市

### 「市民参加型事業評価」

町田市では、市民が参加するかたちで事業の評価とその改善方針について議論する「市民参加型事業評価」を実施しています（図22）。活動は2008年度に「町田市版事業仕分け」という名称でスタートしましたが、当初より「市民と事業担当課が事業について対話し、一緒に考える」という方針で実施されており、実態に合わせるかたちで現在の名称になっています。一般市民と有識者によってつくられる「評価人チーム」には、公募によって集まった市民と、若者の声を反映するという意図から高校生が参加しています。市民参加型事業評価は2年に一度のペースで行われ、2022年に実施された際には、6分野の事業が対象となりました。

評価の進め方は毎年改善が行われており、2022年度の市民参加型事業評価を例に流れを説明します（図23）。事業評価が行われるのは11月ですが、その前後で継続的に活動が行われています。まず、対象となる分野を市民アンケートの結果を参考に決定し、その分野の中から具体的な対象事業を高校生評価人が議論し選定します。その後、有識者と一般市民評価人も加わり、事業担当課からの事業説明、評価当日に向けた論点整理を3回の事前ミーティングで行います。

評価当日はインターネットでライブ配信され、評価人以外でもアンケート回答などのかたちで参加できます。評価当日も担当課と評価人の対話の時間と、実際に評価を行う時間が分けて設けられ、改善が必要な場合はどのような方向性で検討するべきかといった意見

図22　市民参加型事業評価当日の様子

交換が行われます。

その後、担当課によって改善策が検討され、評価人との意見交換を経て決定。2年間をかけて改善策を実施していきます。改善の成果についてはホームページに掲載され、経過や結果を見ることができます。

評価当日が11月のため、次年度の予算編成にすぐさま反映することは難しいですが、改善策の実施期間を2年間とすることで、次年度はまず予算がなくてもできる改善を行い、予算が必要なものはさらに2年度目に向けて検討するといった対応が可能となっています。

また、「事業評価」というと、悪い部分を指摘し追求するという印象がどうしても強くなってしまいますが、町田市の市民参加型事業評価においては、「評価の際に悪い部分だけでなく良い部分も合わせて評価する」、「事業説明の際に担当課と評価人の間で双方向のやり取りをする」など、対話を通して行政と市民が一緒に事業をよくしていこうという試行錯誤が行われている事例であるように感じられます。

2　2022年度市民参加型事業評価

（1）年間スケジュール

| 取組 | 日程 | 内容 |
|---|---|---|
| 町田ちょこっとアンケート<br>※市民を対象としたWebアンケート | 2022年　3月22日（火）～3月27日（日） | 評価対象分野の決定 |
| 第1回高校生評価人ミーティング | 2022年　7月30日（土）9：00～12：00 | 評価対象事業の検討 |
| 第2回高校生評価人ミーティング | 2022年　8月22日（月）13：30～16：30 | 評価対象事業の決定 |
| 第1回評価人チームミーティング | 2022年　9月29日（木）19：00～21：00 | 事業所管課からの事業説明 |
| 第2回評価人チームミーティング | 2022年 10月18日（火）19：00～21：00 | 事業評価当日に向けた<br>論点整理① |
| 第3回評価人チームミーティング | 2022年 10月28日（金）19：00～21：00 | 事業評価当日に向けた<br>論点整理② |
| 町田市市民参加型事業評価　当日 | 2022年 11月13日（日）10：00～16：50 | 事業評価当日 |
| 第4回評価人チームミーティング | 2023年　1月19日（木）19：00～21：00 | 事業所管課が<br>改善プログラム案を説明 |
| 第5回評価人チームミーティング | 2023年　2月13日（月）19：00～21：00 | 改善プログラムの決定 |
| 改善プログラムの公表 | 2023年　3月31日（金） | 改善プログラムを<br>ホームページで公表 |

図23 2022年度実施の流れ

## 2-3 デザインを実践するための市民協働

前節で述べてきた、行政がデザイン手法を活用する場面については、主にそのプロセスを主導する行政職員の視点でお話しました。しかし、公共的な課題をテーマにデザインを実践していくうえでは多様なステークホルダーと協働していくことが大切です。海外の事例からも、デザインしようとする物事の対象者と共にデザインすることの重要性がうかがえます。

この節では、先述のプロセスを市民協働で進めていくためのポイントや注意点に焦点を当てて述べていきます。「市民」という言葉は多様な意味合いがありますが、ここでは地域住民に加え、住民ではないが地域に強い関心を持つ人、地域企業・法人や市民団体なども含め地域で活動する主体として「市民」という言葉を用います。

### 課題分野の設定について

市民協働での実施項目としては、大きく2つのポイントを挙げておきたいと思います。1

点目は、**インタビューなどの定性調査の共同実施**。2点目は、**定量と定性双方の調査結果の分析を一緒に実施する**ということです。

1点目のインタビューについては、行政と市民という関係性では率直で探索的なインタビューを行うことが難しい場合があります。行政職員の方からお話を聞くと、「市民の方から意見を聞いた以上は何らか反応を返さねばならない」というちょっとした強迫観念のようなものを持っておられる場合もあるようです。一方、市民側も、行政とのやり取りに慣れていない場合は変に緊張してしまったり、逆にインタビューの趣旨を踏まえずここぞとばかりに言いたいことだけ伝えてしまうという場合も想定されます。また、テーマによっては行政と市民の意見が対立し、インタビューの場自体が成立しないということもありえます。

そのような場面において、行政と市民が共につくる側として共同してインタビューなどの調査にあたることで、実施がしやすくなったり、内容としてもより深い洞察が得られる可能性が高まるでしょう。また、インタビュー対象者など調査対象の選定についても、政策テーマに関して興味関心が高く、時には当事者でもある市民が関わることで、より参考になる情報を得られる可能性のある対象者を選定することができるようになるでしょう。

また、2点目は、調査結果を協働して分析するということです。同じ内容の定量・定性データであっても、その解釈をどのように行うかによって課題設定の方向性は大きく異なってきます。行政職員の視点だけでなく、そこに市民視点での分析を加えることで、今までに考えつかなかったような課題設定ができる可能性があります。

明確なかたちのない厄介な問題においては、課題をどう捉えるかが解決策の方向を決定することに直結します。それはつまり、「**現状をどう解釈するかがその後の大きな方向性を決定してしまう**」ということです。この段階から行政と市民が協働することは、そのような意味でも重要なことであると言えます。

なお、法律や関連する計画の確認は専門的な知識が必要なため、主に行政職員が行うプロセスであると言えます。とはいえ、市民側に関わる余地がないわけではありません。そこで大事なのは、**政策の受け手視点で分野ごとに分かれている政策をまとめ直す**ということです(図24)。

たとえば、地方創生の文脈で「関係人口創出」ということが盛んに言われるようになりました。そこには、その地を訪問するきっかけという意味で観光政策が関わっています。また、転職や兼業、起業といった商工労働関係の政策や、移住定住という部分では住居や子育てに関する政策といったものが複合的に関わります。通常それぞれの分野ごとに計画が策定されており、それらを横断するような視点での計画というものは多くありません。そのような中で検討していては縦割りとなるばかりです。個別分野の計画のみが参照される部分に市民が参画し、政策の受け手視点から捉え直すことで、他分野の計画や事業との関連性を事前に見出

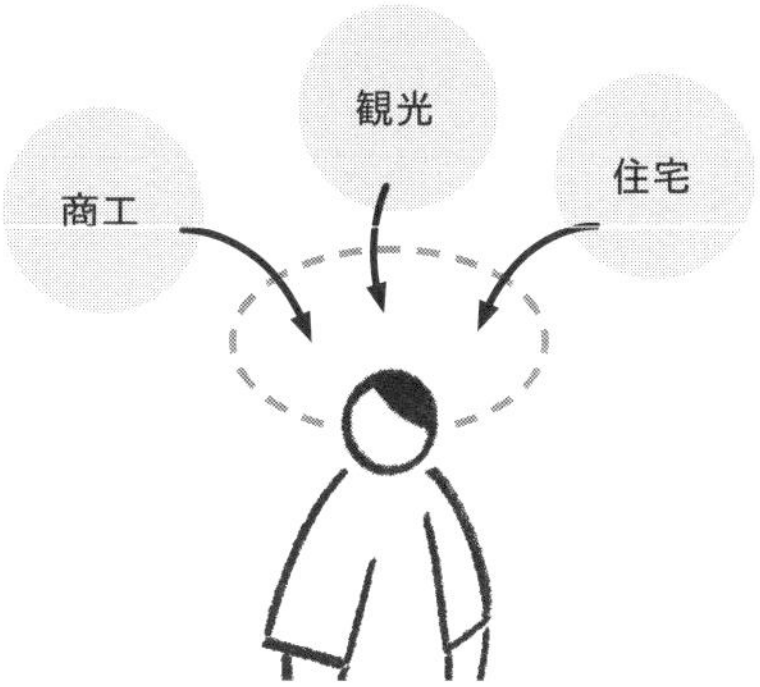


図24 政策の受け手視点で政策を統合する

し関係部署と連携を図れる可能性が高まります。

また、よく耳にする話として、政策案や事業案を考える段階になって課題の解決策が他部署の事業にも関係することが判明するものの、検討の枠組みとしてその時点から部門を越境した事業を検討することが難しい、ということがあります。事前の確認段階で部署間の関連性を確認しておくことで、その後の検討に関連部署に少し関わってもらうなど、前もった声掛けが可能となるでしょう。

## 政策をつくるについて

計画をつくる際には、行政側が作成した素案や資料などをもとに審議会や委員会という場で議論をすることが多くあります。すでに市民が参加したかたちでの検討は行われているわけですが、問題はその検討の質にあると言えるでしょう。

あり得る未来の事柄を想像すること、また現状を踏まえ未来への道筋を考案することは、専門的なスキルです。計画策定は外部のシンクタンクやコンサルティング会社が委託業務として行うことも数多くありますが、この場合は、しっかりした計画ができあがったとしても、それをもとにした実施部分との接続に課題が残ります。

計画と事業の一貫した接続というのは難しい課題ですが、ここで提案したいのは、**審議会**

や委員会という場と並行した官民協働型の取り組みです。

たとえば、審議会が議論の場として有意義な時間となるよう事前準備を行う、審議会の場で議論のファシリテーションを実施する、参加者による共創や視点の統合など会議の時間内だけでは難しい創造的な活動を並行して実施する、というようなことです。このような活動は、会議体の事務局を担う部署の行政職員や委託先の企業が通常行っていることですが、この部分を市民にも参画してもらいながら行う、ということです。

また計画策定の際には、広く一般市民が意見を投稿することができるパブリックコメントが行われることが多くあります。しかしながらパブリックコメントが行われていることを認知すらされていないことがあり、形式的な市民参加として実施されているケースも少なくありません。また、審議会や議会の日程をにらみながら、ある程度素案がまとまった段階で行われるため、そこからの大幅な変更を行うことができません。その意味で、集まった意見が反映される余地が限られています。

現状のパブリックコメントよりも早いタイミングで、デジタルツールなどを活用した市民参加を検討する余地はあるでしょう。日本でも加古川市や国分寺市などで試験的に活用が行われている参加型合意形成プラットフォーム「デシディム（Decidim）」はその先駆け的な取り組みと言えます。一方、そのようなデジタルツールを用いた活動に参加する市民も一部に限られており、参加の裾野を広げる工夫が必要になります。

## 事業をつくるについて

具体的な内容を検討していくためには、政策を実現するうえでパートナーとなりうる組織や個人との協働が重要になります。また、具体的な内容を検討する際にも、政策の対象者に対する調査を実施することが望ましく、そのような調査を実施するうえでも行政と対象者の間に入る市民側のパートナーの役割が大切となります。

このステップにおいては、行政職員と市民で「今何をしているのか」というプロセスの進め方についての**共通認識を持ち、意識を揃える**ことが重要です。ダブルダイヤモンドモデルなどデザインプロセス自体を可視化したものを共有し、情報の発散と収束のどちらのフェーズにいるのか、スケジュール的にどのタイミングで何を決めどのような成果物ができるのか、など事前に確認しておくことが重要です。先に落とし所を決めない探索的なプロセスであるからこそ、スケジュールを決めておくことで双方が安心して臨むことができるでしょう。例としては、オーストラリアのクイーンズランド州政府が作成したデザイン思考を用いた政策立案プロセス管理のモデル（図25）があります[9]。

事業案を評価し決定する際には、**行政視点と市民視点双方の優先順位をまず議論したうえで**評価を行っていくことが大切です。行政視点では、民間ではな

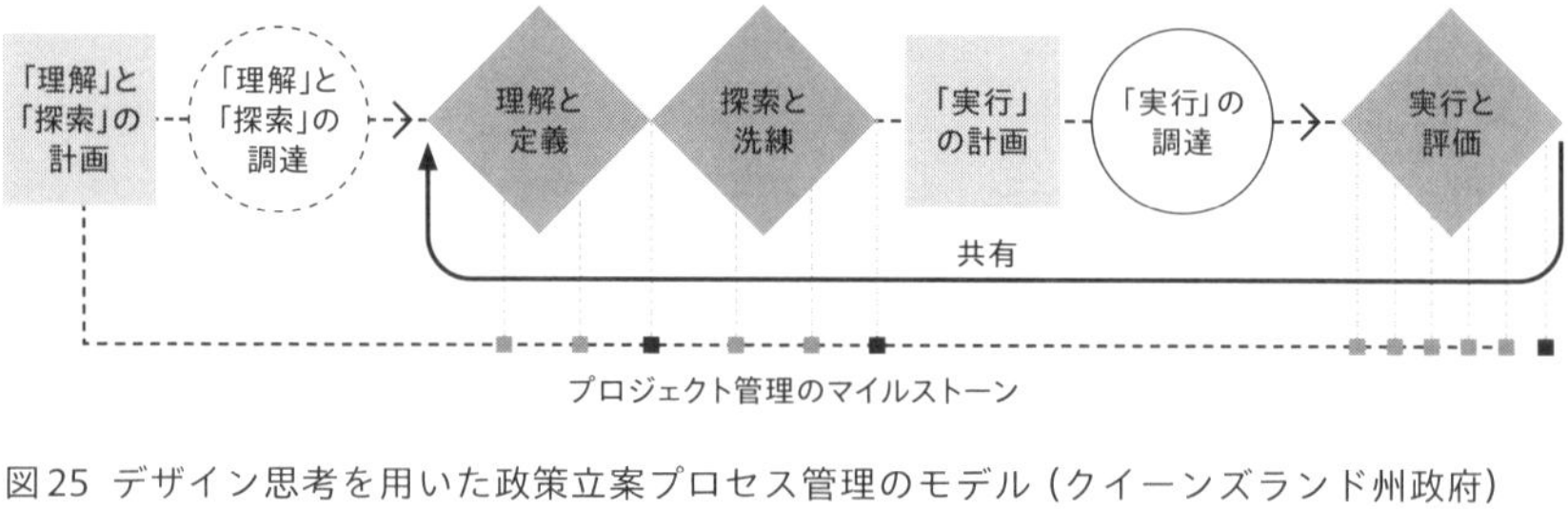


図25 デザイン思考を用いた政策立案プロセス管理のモデル（クイーンズランド州政府）

く行政が行うべき事業かという公益性や、法律や制度的な実行可能性、費用対効果などが関心事項となるでしょう。一方、市民視点では、その事業を行うことが計画で定められた目標の達成に寄与するか、それが事業の受け手から見て受け入れられるものかといった、効果面や受容度での評価の比重が高くなると考えられます。

また、この時点で何らか事業のプロトタイピングを実施したいところですが、費用や多くの時間がかかるものは現実的に実施が困難です。実施の細かな手続きではなく、事業の受け手にとっての価値に焦点を当て、文章やイラストを用いたストーリー形式の資料など、その状況を想像しやすいような工夫を行いヒアリングを行うなどの工夫が考えられます。

予算要求については基本的に行政内部でのプロセスとなるため、行政職員が主導してプロセスを進めていくことになります。事業の必要性を説明するため、目標や課題、またその達成にその事業がどう貢献するのかをわかりやすく説明することが求められます。市民側の協力としては、これまでの検討を振り返り、受け手視点でのニーズの所在を伝えること、また検討時のインタビュー記録などを用いて必要性を伝えることなどが考えられます。

## 事業を実施するについて

事業実施については、その内容によって、行政職員が主体になることもあれば、市民側のパートナーが主体になることもあります。たとえば、窓口業務の改善など行政内部での調整や作業が主だったものは行政職員が主導するかたちになりますが、そのようなものであっても利用者の視点で市民側が内容の検討に関わることは可能でしょう。一方、市民側が主導していくケースにおいても、行政は丸投げにするのではなく、行政職員もチームの一員として参加していくことが理想的です。また、実際に事業を検討し実施する際の行政視点からの情報提供はもちろん、行政内部や議会、また広く地域への広報活動など情報共有も重要でしょう。

市民側は、コ・デザインで言われているように、そのテーマに関連する専門家として事業内容の検討において重要な立場になるでしょう。行政職員は人事ローテーションもあり、事業の内容部分については必ずしも詳しくない可能性がありますが、そのような場合でも市民と行政が相互に補完しながら進めていくことができます。

また、この時点で事業案の検討と同様、参画者の枠を広げ、実際に事業を実施する当事者も含めて検討に参画してもらうことも考えられます。検討時点から当事者に参画してもらうことで、さらに詳細の部分を解像度高く詰めていくことが可能になります。加えて、「プロトタイピング」という看板を掲げた活動時間を取りづらい中で、当事者が検討に入ることにより、議論しながら簡易のプロトタイピングを行うことが可能になるかもしれません。

外部委託して事業を実施する場合は、市民側のパートナーが主となって進めていくことが多くなることが想定されます。しかし実施の中にプロトタイピングの要素が含まれたり、事業の修正や翌年度以降の政策案検討の貴重な情報インプットでもあるため、外部に任せるにせよ、行政職員も継続的に情報交換や実施の状況を確認することが必要になるでしょう。

## 政策や事業を評価し修正するについて

事業の評価の際には、事業案の検討、評価の段階と同様に、行政と市民双方の視点から評価を行っていくことが必要です。事業評価は行政職員自らによって行われることが多く、「お手盛り」と称されることもありますが、評価についても市民と行うことでより多様な視点から実施できる可能性があります。

事業評価はその枠組みや労力から実施自体が課題となることもありますが、市民が関わることで実施に対する意識も向上するのではないでしょうか。また評価実施の際には、「Keep（良かった点・続けること）」「Problem（課題や困難）」「Try（挑戦したいこと）」の3つの視点から振り返るKPT法のように、批判だけでなく、良かったことやできたことも積極的に評価し、次の取り組みにつなげてていくということも大切です。

ここまでに述べた、プロセスの各段階と官民協働の視点、活用が考えられるデザイン手法をまとめると次の通りとなります（表3）。

| | 官民協働 | 関連する代表的なデザイン手法 |
|---|---|---|
| | • インタビューなどの定性調査の共同実施<br>• 調査結果の共同分析<br>• 政策の受け手視点での政策のまとめ直し | • デプスインタビュー<br>• 行動観察<br>• サービスサファリ<br>• ステークホルダーマップ<br>• システム思考マップ |
| | • 審議会などの場の設計と進行<br>• 出された視点の整理や統合 | • シナリオ・プランニング<br>• 未来洞察<br>• グラフィックを用いたファシリテーション |
| | • 調査対象となる政策の受け手や実施パートナーの検討<br>• 行政と市民双方視点での政策案の評価と優先順位付け<br>• 政策の受け手視点での政策の必要性の伝達 | • カスタマージャーニーマップ(CJM)<br>• アイデアブレスト<br>• ロジックモデル<br>• ストーリーテリング |
| | • 行政と市民双方の視点を持った事業の具体的な部分の検討<br>• 政策に関わる当事者も含めた検討プロセスの実施<br>• 仮説検証を通した今後の検討への情報インプット | • CJM<br>• ステークホルダーマップ<br>• サービスブループリント<br>• プロトタイピング |
| | • 行政と市民双方の視点からの事業評価 | • デプスインタビュー<br>• 行動観察<br>• ロジックモデル |

| ステップ | 概要 | |
|---|---|---|
| **1 課題分野の現状を確認する** | 検討を始めようとする課題分野について前提となる事項(法律や計画、リーダーのマニフェストなど)や現在実施している事業について確認する。 | |
| **2 政策をつくる** | 事業検討の基礎となる計画やビジョンをつくる。 | |
| **3 事業をつくる** | ビジョンや計画で検討した政策や施策を事務事業レベルまで落とし込む。<br>検討した事業案について財政担当課に説明し予算の獲得を行う。 | |
| **4 政策を実施する** | 予算に基づき、事業実施のパートナーと共に具体的な事業の設計を行う。<br>仮説検証の視点も持ちつつ実際に事業を実施する。 | |
| **5 政策を評価し修正する** | 実施結果を評価し、今後の政策や事業検討の参考とする。 | |

表3 政策立案と実施の各段階における、官民が協働したデザイン実践

## 2-4 デザインを実践するための仕組みや組織

ここまで、政策をつくり実施していく段階ごとのデザイン手法の活用方法や、それらを行政と市民が協働して実施する視点についてお話してきました。しかし、実際に活動を行っていくためには、そのやり方だけではなく、それらを支える仕組みや組織の観点からの検討も必要になってきます。

デザイン視点でのソーシャルイノベーション創出に関する研究では、そのような環境を整備する「インフラストラクチャリング」が、専門家でない人々のデザイン実践のために重要であるとされています[10]。そこでこの節では、行政職員と市民によるデザイン実践を支える仕組みについてお話していきたいと思います。

行政組織がデザインを実践していく方法は、大きく分けて2つあると考えています。1つ目は、一つひとつの政策立案や実施を単独の「プロジェクト」として捉えて実施していく方法。2つ目は、先にお話したPSIラボのようなかたちで「専門的な組織」をつくり、継続的に実施していく方法です。それぞれの考え方を詳しく見ていきたいと思います。

## プロジェクトでの実践

「プロジェクト」とは、特定の目標を定め、その達成のために期限を区切って行われる活動を意味します。

行政の直面する「厄介な問題」に対するデザインプロセスは、本来オープンエンドで終わりのないものです。そのような状況では、デザインが実践される範囲を明確に切り出すことは難しくなります。

参考になるのは、デザイン研究者であるマンズィーニが提唱する「**デザインイニシアチブ（design initiative）**」という考え方です。デザインイニシアチブとは、個々のデザイン専門家や組織など明確な主体によって考案され実行される、時間の区切られたデザイン実践のことを意味します[11]。厄介な問題に対するデザインプロセスの全体を管理することは不可能なことですが、それに対応する個々のプロジェクトをデザインイニシアチブとして位置づけることで、デザイン実践としてのマネジメントが可能になるとされます。

プロジェクトにおけるデザイン専門家の活動としては大きく2つの方向性があります。ひとつは、**ネットワークの中に入り込み、活動を誘発し方向づけていくファシリテーター**としての活動。もうひとつは、**ネットワークの少し外側の立場から全体を俯瞰し、関係者が活動しやすい環境や仕組みをつくり、人々のデザイン能力をさらに引き出す**というメタな役割です[12]。厄介な問題に対するデザイン活動においてデザイン専門家が自身の実績を示すためには、自らが立ち上げた、もしくは積極的に参加した一連のデザインイニシアチブがどのようなものであるかを示す必要があるとされます[13]。これは、活動をプロジェクトとして意識的に区切るからこそできることです。

行政の実務的にも、会計年度や計画期間などさまざまな既存の区切りがある中で、デザイン実践を個々の「プロジェクト」として区切って実施することはイメージしやすいと言えるでしょう。一方、プロジェクトには区切りがあるため、活動の一貫性や継続性をどうつくっていくかという方法も合わせて考える必要があります。

## ラボ的組織での実践

行政組織におけるデザイン実践を推進する役割として、公共イノベーションラボ（PSIラボ）の存在は学術研究でも多く言及されています[14・15・16]。具体的には、69ページで紹介したマインドラボなどです。

PSIラボは欧米を中心に活動が始められ世界に広がったものですが、組織の中にデザイン実践を広げていくため、日本の自治体においてもPSIラボのような組織を検討することは有用でしょう。その際には、日本ならではの文脈を踏まえることが重要です。

では、日本の自治体におけるPSIラボはどのようなかたちが考えられるでしょうか。本書では、その形態の仮説として、**行政と市民が共に人材や資源を出し合い協働する「官民協働型の組織」**を提案したいと思います。

行政内の組織として特別なチームを組成することが一番に考えられますが、行政組織内にあることで、硬直的な予算編成プロセスへの対応や調査による課題の捉え直し（リフレーミング）、プロトタイピングといった反復的な非直線的なプロセスを行うことへのハードルは高くなるでしょう。また、テーマによっては行政が主導して実施することにより、対話や協働をしながらデザインプロセスを進めていくことが困難になることも考えられます。

一方、市民や民間企業が行う活動は、行政内部の情報流通や意思決定プロセスから切り離されており、それだけでは具体的な政策立案や実施につながりづらいと言えます。また、専門的な知見を持つ民間企業や団体がいることは行政にとって助かる反面、ともすると「協働」というかたちでなく「丸投げ」という事態にもなりかねません。

そこで、行政と市民の両者が集い議論しプロセスを推進していくためには、官民双方が責任を持ち、資源を出し合う官民協働型の組織に可能性があるのではないかと考えています。また、組織とすることで、プロジェクト単位ではない長期的なインフラストラクチャとして機能することが期待できます。

デザイン研究者のキース・ドーストは、「新たなフレームの構築は主にインフォーマルな活動に見える」と述べます[17]。行政と市民が時間やプロセスを密に共有しながら協働していくかたちをとることで、お互いの視点を踏まえ、政策立案においてさまざまな視点を統合した課題設定やそのリフレーミングが可能となると言えます。

また、そこに顔の見えるコミュニケーションがあるからこそ、正解のない事柄に対して探索的で反復的なデザインプロセスを進めることが可能となります。官民協働によるデザイン実践において、このような**ベースとなる信頼関係が結べるかどうかという点は非常に重要**なものとなるでしょう。

違う視点では、製品やサービスの利用者である市民やユーザーとその提供者である企業や行政が共にサービスを創る方法論として「リビングラボ（Living lab）」といわれるものもあり、日本においても実践がなされています。リビングラボは、サービス開発のプロセスに利用者に積極的に関わってもらいながら、現実の環境の中で新たなアイデアを試したり、改善していこうとするものです。利用者が開発プロセスに関わることで、結果的に実際に使われる製品・サービスが生み出されることが目指されます。前述のPSIラボとは位置づけが異なるものであり、本書では詳細に触れませんが、このようなかたちのラボの取り組み方もあることを知っておくことは有益です。

## デザイン専門家の関わり方

プロジェクト型やラボ型といった実施形態にかかわらず、行政組織がデザインを実践する際、特に経験や能力がまだ組織内にない場合、プロジェクトの質を向上させるためにも、デザイン専門家から支援を受けることは大事です。その際、デザイン専門家がどのような立ち位置で協働するか、そのかたちにはいくつかの種類が考えられます。

英国デザインカウンシルの助成により作成された、公共サービスにおけるデザイン手法の活用をテーマとしたレポート『Restarting Britain 2』によれば、行政組織とデザイン専門家やデザイン会社との関係性は以下の6つに類型化できるとしています[18]。

1. **組み込まれたデザイナー（Embedded designer）**：常勤で戦略レベルに関わるデザイナーが組織内におり、組織のデザイン能力や特定のプロジェクトのデザイン業務に関わる。
2. **内部代理組織（Internal agency）**：専門の学際的サービスデザインチームが組織され、組織内の他の部署とプロジェクトごとに協働する。
3. **外部代理組織（External agency）**：コンサルティング企業など、独立したチームがプロジェクトごとに関わる。
4. **仲介による介入（Brokered intervention）**：デザインカウンシルのような仲介組織が間に入り、行政組織とデザインコンサルティング会社などを結びつける。
5. **デザイン主導型スタートアップサービス（Design-led startup service）**：デザイン主導型のスタートアップ企業が公共的ニーズを満たすサービスを独自に開始する。
6. **非デザイン専門家によるデザイン（No-designer design work）**：デザイン専門家を抜きに、

行政職員自身がデザイン手法を活用する。

「サービスデザイン・ネットワーク」というサービスデザインに関する国際団体によるレポートでは、上記のうち特に1～3を主な関係性としてとりあげています[19]。大学やデザインコンサルティング会社という行政組織外部の立場から行政と市民の間に入りプロジェクトを実施することもあれば、PSIラボに所属するデザイン専門家や、ヘルシンキ・デザイン・ラボにより行われたデザインを学ぶ学生が中央省庁でインターンシップを行う「デザインエクスチェンジ・プロジェクト」のように、デザイン専門家自身が行政職員として行政組織内部で業務を行う事例もあります。また、オーストラリア国税庁で行われたプロジェクト[20]のように、生え抜きの行政職員自身がデザイン能力を獲得し、それぞれの職場で活動するということも考えられます。

どれが良い悪いというわけではなく、それぞれの関係性により利点と注意点があり、**どのような目的でデザインプロジェクトを行うのかによってそのあり方を検討する**ことが重要です。

ここでお話した3つの関わり方について表4にまとめました。利点と注意点を見てみましょう。

### 1.「デザイン専門家が行政組織に外部から関わる」場合

| 関わり方 | 利点 | 注意点 |
|---|---|---|
| **1** デザイン専門家が行政組織に外部から関わる | • 幅広い経験があり、最先端の知識やノウハウをプロジェクトに持ち込むことが期待できる | • プロジェクトの進め方を柔軟に調整できない<br>• 仕様書の時点で解決策が限定されてしまう |
| **2** デザイン専門家を行政組織内部に登用する | • 他の行政職員と信頼関係を築きやすい<br>• 目的の再定義やストレッチした目標の議論など、プロジェクト開始前の段階から議論が可能 | • デザイナーに求められるスキルのミスマッチが起こる可能性<br>• 外部専門家が動きやすい受け入れ体制の整備 |
| **3** 行政職員が自らデザイン実践を行う | • 行政職員としての経験を踏まえ、行政特有の事情に合わせた活動を行うことができる | • デザイン専門家とともにプロジェクトを行う、また外部専門家にアドバイスを受けるなど、プロジェクト成果物の質担保に十分配慮が必要 |

表4 行政組織とデザイン専門家の関わり方

プロフェッショナルのデザイン専門家やデザインコンサルティング会社は、異なるクライアントとのさまざまなプロジェクトの蓄積があり、幅広い経験を保有しています。そのため、新たなノウハウの獲得や新鮮な気付きを得られるといった利点があります。

一方、行政組織が予算や仕様書などの基本的な前提条件を決定する発注者であるため、発注の時点で業務内容の大枠が決まっており、外部の専門家はプロジェクトの進め方を柔軟に調整することができず、本来あるべき課題解決のかたちが提案できない可能性があります。

## 2.「デザイン専門家を行政組織内部に登用する」場合

この場合、デザイン専門家も行政職員として組織の内側から関わるため信頼関係を築きやすく、またプロジェクト目的の検討から事業に関わることが可能になります。

一方、職員向けの教育啓発活動や仕様書の作成、行政組織と事業者の協働が円滑に行われるための調整など、デザイン手法を活用したプロジェクト実施だけでない幅広い業務が求められることが多く、デザイン専門家を登用する前に業務内容の丁寧なすり合わせが必要です。また、生え抜きの行政職員でないデザイン専門家が組織内部で動きやすいよう、適切な立場の定義や、上司・同僚からの支援が必要となります。

## 3.「行政職員が自らデザイン実践を行う」場合

この場合は、行政職員としての経験や組織内人脈を活かして円滑にプロジェクトを進めやすいことが最大の利点でしょう。デザインプロジェクトを実施する際に組織の環境や文脈を踏まえる重要性が指摘されていることとも合致します[21]。

一方、デザイン実践の経験は専門家に劣るため、デザイン専門家との協働や支援を受けるなど、プロジェクトの質が下がらないように配慮が必要でしょう。公共イノベーションにおける課題フレーミングをテーマに事例研究を行ったミーケ・ファン・デル・バイルブラウワーによれば、行政職員自身がデザインなどイノベーション能力を高めることが重要であるが、初心者が基本的なルールだけを基にデザインの探索的で非直線的な思考プロセスを行うことは難しいことを指摘しています[22]。

予算的な制約がますます厳しくなる行政組織において、外部専門家にプロジェクトを委託できる機会は限られます。その限られた機会を学びの機会とすべく、プロジェクトを行う際に業務を専門家に丸投げするのではなく、行政職員自身もチームの一員としてプロジェクトに取り組み経験を積むことが大切になるでしょう。

第一章の表2（P.61）で述べたように、ガバナンス型の行政革新における政策立案者や行政職員の役割は、ネットワークやパートナーシップを円滑に運営するための先導者や通訳者であり、不確実で絶え間なく変化する社会のなか新たな道を探し続ける探検家です。これはつまり、デザイン実践で重視される共感性や、曖昧さ、反復的な試行錯誤を許容するプロジェクト運営能力が重要であるということです。そのような能力を身につけることが、今後ますます重要視されるようになるでしょう。

## プロジェクトスペースの重要性

デザイン実践の形態や専門家の関わり方など、目に見えない仕組みの部分の話をしてきましたが、ここでは視点を変えて場所（スペース）の話をしたいと思います。

行政と市民が協働した政策づくりのためには、参画する人が誰でも入ることができるプロジェクトスペースを設けることが重要であると考えています。プロジェクトスペースは、物理的な部屋とオンラインツールを活用したデジタルのものの両方あることが望ましいです。新型コロナウイルス感染症の流行を経てオンラインの活用は当たり前のものとして広がってきましたが、物理的な空間を残す必要性は複数の理由から考えられます。

まず1点目としては、物理的なプロジェクトスペースがあることで、調査などの情報が一覧でき、新たな気付きを得る、視点を統合する、アイデアを創出するなど創造的な作業が実施しやすくなるということです。これは従来からデザインプロジェクトを実施する際によく言われていることでもあります。オンラインホワイトボードツールなどの普及により状況は変化しつつあり、場所に縛られない作業の継続性や携帯性など部分的に物理的空間を凌駕する存在となっている面はありますが、現在でも実際の場所で身体的にさまざまな情報と触れる物理的空間の重要性は変わらないものとしてあります。

2点目は、行政側のデジタル環境とリテラシーに関するものです。情報保護の観点などから、容易にインターネットに接続できない環境で仕事をしているという行政職員の方は多いでしょう。また、職場において新たなデジタルツールを導入することにもハードルがあります。加えて、年齢や職種など、職員のデジタルリテラシーにはばらつきがあり、デジタルツールのみで作業を進めることでコミュニケーション不全が起きる危険性があります。

3点目は、2点目とも関連しますが、市民側のデジタル環境とリテラシーについてのものです。行政職員にもまして市民側のデジタル環境やリテラシーにはばらつきがあります。かねてより「デジタル・ディバイド」という言葉があるように、デジタルのみの環境で作業を行うことは、そこに無意識の排除を生み出すことになりかねません。情報の取り扱いやすさと同様に、アクセシビリティにも配慮することは大切と言えるでしょう。

物理的な空間があることで、プロジェクトに関わるメンバーが一同に集まり、同じ空気を共有しながら平等な環境で創造的な作業を行うことができます。さまざまな人が参画する可能性がある公共的なプロジェクトだからこそ、プロジェクトスペースは物理的な場所を用意しておくことが望ましいと考えられます。

## デザイン手法を用いた政策立案と情報公開

官民の緊密な連携は、それが行き過ぎると「癒着」とも捉えられかねられません。そのような事態を避けるためにも、積極的な情報公開を行うことやさまざまな人がプロセスへ参加できるようオープンな状態を保っておく必要があるでしょう。ただし、コ・デザインに関する研究者であるサンダースとスタッパーズは、協働のパートナーとなるのは誰でもよいわけではなく、そのテーマに情熱を持つ人であると述べており[23]、プロセスに参加する市民側の主体性や責任感が求められることは指摘しておくべき点です。

民間企業によるプロジェクトと行政によるプロジェクトの大きな違いは、行政の場合、個人情報など配慮が必要な事項を除いて積極的に情報公開が可能であるということです。民間企業の場合は競合企業との競争があるため、新規事業開発などの内容は特に機密性の高いものであり、情報公開とは真逆の位置づけのものとなります。一方、行政においては、特別な事情がないかぎり情報公開をするのが基本的な姿勢と言えます。行政学の研究において「政策移転（policy transfar）」という概念があるように、個別自治体の良い取り組みは他の自治体によって受容され広がっていくことがあり、社会全体の効率性を向上させるうえでも重要です。

このように、積極的な情報公開を行うことは、市民によるデザインプロセスへの参画やモニタリングを可能にすることにつながり、実践の正当性担保につながると言えるでしょう。

## 2-5 国と自治体によるデザイン実践の違い

同じ行政という組織であっても、国と自治体では活動する環境が異なります。ということは、当然デザイン実践の内容にも違いが出てくると言えます。

筆者が以前に実施したフィンランドでの調査からの発見として、国と自治体ではデザイン実践において大きく「**❶デザイン手法活用の目的**」「**❷ワークショップへの参加者**」「**❸市民の位置づけ**」の3つの違いがあることがわかりました。この節では、それぞれについて詳しく紹介していきます。

### ❶デザイン手法活用の目的

デザイン手法を活用する目的として、国レベルでは主にシステムやサービスの戦略立案に、一方、自治体レベルでは具体的なサービスや事業開発に活用する、ということが挙げられます。

戦略レベルでのデザイン手法活用例としては、省庁の壁を超えて行われる次期政権のための提言作成や、政府内に実験的な政策立案を促す取り組み（「Experimental Finland」など）があります。一方、自治体レベルでは、ラハティ市が取り組むCO2削減プロジェクトや、ポリ市のシティブランディングプロジェクトなど、市民参加型での具体的な事業開発を主眼としたプロジェクトの事例が見られました。

## ❷ワークショップへの参加者

デザインプロセスにおいて、現状の調査やアイデア創出などのため、複数の関係者が参加するワークショップ形式で進められる場面は多くあります。国と自治体では、そのワークショップへの参加者の属性が異なることがわかりました。

国レベルの取り組みでは、ワークショップの参加者自体が各省庁の行政職員であることが多く、行政組織外部の民間企業や団体が参加することは考えられても、一般の市民が参加するということはあまりありません。一方、自治体レベルの取り組みでは、行政職員や企業だけでなく一般市民がワークショップの参加者として協働作業を行うことが多くあります。

フィンランド調査のインタビューでは、「国での取り組みはクライアントが省庁関係者、自治体ではクライアントは市民」というコメントがあったことからもわかるように、参加者の属性が国レベルと自治体レベルでは大きく異なります。行政職員や企業のビジネスパーソンと一般市民では、ワークショップに対する理解度や経験値が異なることは容易に想定されます。そのような違いを踏まえて調査設計やワークショップなどの協働方法を工夫することが必要となります。

## ❸市民の位置づけ

❶、❷と関連して、国と自治体では、デザインプロジェクトにおける市民の位置づけ方が異なることも大きな違いです。デザイン実践に共通する重要な要素として「ユーザーへの共感」があり、ユーザーとしての市民に対する調査は、国と自治体双方のプロジェクトにおいて重要視されています。

しかし異なる点として、国レベルの取り組みでは市民をデザインプロジェクトへの情報インプットのための「調査対象」として主に位置づける一方、自治体レベルでの取り組みでは市民を調査対象であると同時に共創の「パートナー」としても位置づけていることが挙げられます。これは、第1章で紹介したコ・デザインに関する視点の違いとして整理された、「design for people」と「design with/by people」の視点の違いとして理解するとわかりやすいでしょう（P.37）。

これらをまとめたのが表5です。フィンランド調査から導き出されたこれらの発見は、日本においても当てはまるところが多くあるのではないでしょうか。

## 基礎自治体の特徴

自治体の中でも、都道府県と市区町村ではまた環境が異なります。筆者の研究では、主に市区町村という日本の基礎自治体におけるデザイン実践を対象としてきました。もちろん、国や都道府県での取り組みについても参考にできる部分はあると思いますが、ここでは政策立案と実施におけるデザイン手法活用という視点から見た基礎自治体の特徴についても触れておきたいと思います。

まず最も大切な特徴は、**政策の受け手である**

| 観点 | 国 | 自治体 |
| --- | --- | --- |
| デザイン手法活用の目的 | システムやサービスの戦略立案 | 市民参加型のサービスや事業開発 |
| ワークショップへの参加者 | 主に行政職員、民間企業・団体 | 主に民間企業・団体、一般市民 |
| 市民（ユーザー）の位置づけ | 情報インプットのための調査対象 | 調査対象であり共創のパートナー |

表5 国と自治体でのデザイン実践における違い

**市民との距離感**でしょう。国や都道府県に比べ、基礎自治体ではその距離が圧倒的に近いと感じられます。市区町村のオフィス（庁舎）に行ってみるとわかるとおり、執務スペースの作りも市民が来訪することを前提としたものとなっています。住民票などを取り扱う市民課はもちろん、政策を担う部門のフロアでも来訪者向けカウンターが設けられている場合が多くあります。このような距離の近さは、官民協働でデザイン実践を行う際に影響をもたらすものでしょう。

また、地域という軸で活動するからこそ、市民の多様な側面に触れる機会が多いのも面白い点です。たとえば、一人の市民と言っても、市内の事業所で働く労働者、子育て世代の父母、他地域からの移住者といった多様な属性があり、その複合的なバランスの中で地域での生活を送っています。そのような複合的な側面を踏まえて政策を検討していく必要があり、それを意識することができるのは政策の受け手との距離が近いからこそでしょう。

加えて、これは都道府県も含めてですが、1つの地方自治体には商工観光から福祉、環境、教育といった国のほぼすべての省庁の政策を受け取れるような数多くの部門があります。縦割りと言われることもありますが、組織としては単一であり、部門を超えた人事ローテーションがあるためまったく異なる部署に異動する可能性もあります。このように、地方自治体の行政職員は複数分野の業務経験を持つことが多く、専門性が身につかないという批判もありますが、視点を変えれば複眼的な視野で物事を見る経験ができるとも言えます。分野の専門知識などは勉強せねばなりませんが、本書でお話してきたデザインという物事の考え方は、汎用的なスキルとしてさまざまな分野で応用できるはずです。

また、政策の内容面では、基礎自治体の政策は法令や財政支援を通して国や県の動向の影響を受けることになります。そのかたちとしては、法令での義務づけや、財政支援の要件としての計画策定などさまざまあります。単独では予算が確保できない自治体が多いなか、多くの場合は国や県の事業メニューを見ながらいかに政策を実施するか苦慮するわけです。その点、大きな戦略立案を担う国の中央省庁と地方自治体が協働するということも大事な視点となるでしょう。

## 2-6 行政組織でデザインを実践する政策デザイナー

ここまで、行政がデザインを実践するためのプロセスや市民協働、その仕組みなどについてお話してきました。本章の終わりに、政策をデザインすることに特化した職業「**政策デザイナー**」についてご紹介したいと思います。

海外では、サービスデザイナーなど「○○デザイナー」という肩書で仕事をする行政職員が増えてきています。その中で、デザインの考え方を用いて政策を立案・実施することを専門とする「政策デザイナー（Policy Designer）」という肩書も生まれ始めています。英国では三千人を超えるデザイナーという肩書をもつ人材が国や地方の行政組織内に勤務しており、政策デザイナーという肩書で仕事をする人も50名程度いるとされます。

では、政策デザイナーとはどのような職業なのでしょうか。

## 政策デザイナーに必要なスキル

英国政府のポリシーラボにおいて、2017年に初めて政策デザイナーが募集された際の職務説明では以下のような項目が掲げられています[24]。

- 政策決定プロセスに、デザイン、データ、デジタルツールを導入しようとする部門とのさまざまなプロジェクトを管理する。
- 外部の専門家（エスノグラファー、データサイエンティスト、サービスデザイナーなど）に依頼し、彼らのプロジェクトへの成果貢献を管理する。
- 実践的なデザインスキルを用いて、一連のツールやコミュニケーション資料を改善する。
- ワークショップやスプリントを実施する。
- 政策実施環境におけるプロトタイプの作成とテストをサポートする。
- 他の職員が新しい仕事の方法を理解し、利用できるよう支援する。

具体的なデザインの成果物を自ら作成するだけでなく、外部の専門家との橋渡しをするコーディネート能力や、ワークショップ実施などのファシリテーション能力、また内部職員の教育にいたるまで、幅広い能力や役割が求められていることがわかります。

また、英国のデザイン研究者であるアンナ・ウィッチャーは、公開情報やインタビューな

| | |
|---|---|
| **知識** | ・デザイン、データ、デジタルの各領域に関する知識<br>・政策立案と実施に関する知識<br>・ユーザー調査に関する知識<br>・政策実施に際して、ユーザー調査の結果と政策意図を整合させる（ユーザーと政府双方のニーズを理解する） |
| **マインドセット** | ・俊敏で柔軟であること<br>・反復して実践すること<br>・全体像を見る視点を持つこと<br>・ユーザーを第一に考え、それと競合する事項との優先順位を管理すること |
| **実践的なスキル** | ・質の高い、書面での助言やレポート、プレゼンテーションを作成する<br>・上席の意思決定者に対して明瞭かつ魅力的に情報を伝える<br>・ステークホルダーとの関係性を築き、維持する<br>・課題をよく理解したうえで定義し、適切な解決策を分析･共創する<br>・多様な背景を持つ参加者とのワークショップやスプリントをファシリテートする<br>・多様な専門性を持つチームをリードする<br>・ステークホルダーやユーザーの多様な視点を統合する<br>・外部の専門家へ発注をする<br>・政策実施の実環境においてプロトタイプを作成しテストする<br>・ユーザー中心の政策立案･実施の能力を育成する<br>・複雑なデータをわかりやすく可視化する |

表6 政策デザイナーに必要なスキル

どの調査から、政策デザイナーに必要なスキルを表6のようにまとめています[25]。

ここに挙げられている項目を眺めてみると、デザインや政策立案に関する基本的な理解や対人関係スキルなど、政策デザイナーには幅広い能力が求められることがわかります。これだけ見ると圧倒されてしまう部分もありますが、能力形成のひとつの指針として捉えるとよいでしょう。

政策デザイナーに必要なスキルは、すでに何か確立されたものがあるわけではなく、成文化されてもいません。政策デザイナーという職業の広がりや質の高さを担保するためには、こういった部分をしっかりと定義づけしていく必要があると言われています。政策デザイナーという職業はまだまだこれからその役割や意義が確立されていくものと言えるでしょう。

## デザイン態度の視点から

デザインを実践することは、単にデザイン手法を使用するということではありません。それらを活用する前提となる心構えや態度がより重要と言えることは1-3でもお話した通りです。先ほどの政策デザイナーに必要な能力の図にも「マインドセット」の項目がありましたが、政策デザイナーに必要な能力を第1章（P.46）で述べたデザイン態度との関連性からも検討してみたいと思います。

まず「不確実性・リスクを許容する」という点について。この言葉を聞くと、いきなり不安になる方も多いのではないかと思います。「行政の無謬性」という言葉があるように、特に行政組織では失敗することを話すことが難しい雰囲気があります。しかしながら、社会環境の変化自体のスピードが早く、不確実な中、そこに対する対応にすべて正解を求めることは不可能でしょう。

先ほど述べたような、できるかぎりの情報公開をしながら進めることや、プロセスの全体像を共有し、いつまでに何を決めるといったマイルストーンを合意しておくことは、不確実な中でも先に進むために重要なことと言えます。豪州クイーンズランド州がまとめたツールキットでは、ダブルダイヤモンドプロセスをベースにしたプロセスと、それぞれの重要ポイントにマイルストーンをおいたプロジェクトマネジメントの重要性について述べられています（図25、P.120）[26]。

「共感を大事にする」ということを言い換えれば、政策の対象者となる人々にしっかりと向き合い、現場の状況を理解したうえで政策を考えようということになるでしょう。行政職員の方でもこの点について同意される方は多いのではないでしょうか。もちろん政府や自治体として、将来を考えたあるべき姿や方向性を持つことは必要です。しかし、そこを見据えた政策が対象の方に届かなければその目的を達成することは難しくなります。自身の先入観や過去の経験を一度脇においておき、改めて共感するためのステップを踏むことは、プロセスを進めていくうえで重要と言えます。

また、インタビューや現場を観察することを通して自身の関わる政策の対象者に共感をすることは、異動の多い行政職員だからこそ業務に対する当事者意識を高めるうえでも重要となるのではないでしょうか。優秀な職員ほど役所の外にネットワークを持っているという話を聞いたことがあります。これも、現場と対話することの大事さを物語っているように感じられます。

次に、「多様な視点を受け入れる」「選ぶでなく新たに創る」という点についてです。公共的な課題を扱うからこそ、関係者（ステークホルダー）が多くなるため、活動を進めるうえで配慮する点が多くなるというのは行政の活動の特徴と言えます。

さまざまな関係者によってもたらされた多様な視点を、うまく統合できないか粘り強く考えていくことが大事になるでしょう。対立する意見や事柄が明らかになることは、物事を違う視点から捉え直すよいチャンスとも言えます。これは、直面するとストレスのかかることですが、デザインをする醍醐味でもあると思います。物事の表面だけでなく、その背後にある構造に注目することで視点を統合しやすくなる部分もあります。その点、大局的に全体感を見る（ホリスティック）能力が必要となるでしょう。「創造的」と言われるアイデアは、そのように多様な視点を受け入れ、新たな選択を創り出していく姿勢から生まれます。

「直感と理論の両方を大事にする」ということは、現在の行政の現場でも感じられる部分ではないでしょうか。「行政は税金を使っている」という言葉をよく聞きますが、広く多くの市民に対する説明責任を求められるということは、直感的なことや遊び心のあることをしづらくする要因になっているように思われます。だからこそ、直感だけでなく、そこに至る理論やデータを見る大切さが挙げられます。

他方、文字や数字に直に現れるようなものだけではなく、そこから何を読み取りどう解釈するかという部分では、経験や勘も重要と言うことができるでしょう。これはEBPMと対立するものではありません。経験や勘の背景には、意識的に言語化されていない考えや根拠、当たり前と考えられている前提があるものです。

また、「遊び心」という表現は使うのが憚られるかもしれませんが、一見ばかばかしいと思われるような問い、つまり暗黙の前提を疑うような問いを投げかけられることで、本質的な課題に立ち返ることができるということもあるはずです。ありえないと思われる筋のアイデアを検討することは、思考の幅を広げる点でも意味のあることでしょう。たとえばスタンフォード大学のデザイン思考プログラムでは、リスクが高くいったん捨てたアイデア（「ダークホースプロトタイプ」と呼ばれます）などを再度検討することで、今までの思考の枠組みを広げようとします。このように、検討プロセスの途中で意識的に思考の幅を広げることは、デザインの反復的な取り組みを進める際にも検討する価値があるものとなるでしょう。

筆者が勤めていた東京大学i.schoolでは、「楽しく、真剣に」という言葉がよく使われていました。遊び心という言葉が馴染みづらい職場でも、この言葉なら使いやすいかもしれません。

さて、本章では、行政がデザインを実践するための方法や、それを支える仕組みや人材についてお話してきました。少しずつ具体的なイメージを持てるようになってきていると思いますが、実際やってみるにはまだ距離を感じられるかもしれません。次の章では、より具体的な実践方法についてお話していきたいと思います。

# 実践編

Part

# 2

このパート2「実践編」では、
準備編でお話したデザインの考え方や
行政におけるデザイン実践の
大きな概念的枠組みを踏まえて、

**第3章**
**実際にどのようにデザイン手法を**
**活用すればよいのか**

そして、デザインを実践するなかで直面する
さまざまな課題に対して

**第4章**
**どのように向き合い**
**前進していくことができるか**

ということについて、できるかぎり具体的にお話していきます。

# 第3章

# 実際にやってみよう：活用判断ポイントと「9つ道具」

ここまでお話をしてきたように、デザインの実践とは単にツールを用いてプロジェクトを進めることではありません。大事にしたいマインドセットや原則を踏まえたものでなければ、かたちだけはそれらしいものができても結果が伴わないなど、よい活動にはならないでしょう。

とはいえ、行政職員の方とお話すると、「明日から実施できるような具体的な方法を知りたい」というニーズがあることも感じています。

そこでこの章では、行政の日々の活動にデザイン手法を活用するシーンを想定して、ツールを使いながらどのように活動をしていくことができるか、また使い勝手の良いデザインの手法について解説していきたいと思います。

3-1

# デザイン手法を活用する場面

まず、どのようなことを考える際にデザイン手法は活用されるのでしょうか。その場面について話をする前提として、まず「問題の種類」について簡単にお話しておきたいと思います。

## 問題の3つの種類

「問題」と言われるものには、大きく以下の3つに分けられると言われています。

1. シンプルな問題
2. 複雑な問題
3. 厄介な問題

まず「シンプルな問題」とは、目指す姿や正解が明確で、それを達成する方法も比較的容易な問題のことを言います。やり方さえがわかれば、専門知識がなくても対応できるような問題です。

「複雑な問題」は、目指す姿が明確ではあるものの、それを達成するのが難しいという問題です。問題を解決するためには、専門知識や特別な設備などが必要になる場合があり、誰もが簡単に解決することはできません。ただし目標は明確なため、時間やコストをかければどうにか解決にはたどりつくことができます。

そして最後が「厄介な問題」です。**厄介な問題はこれまでの2つの問題とは根本的に性質が異なる**ものです。まず、目指す姿や正解というものがなく、その部分から議論をして決めていかねばなりません。また、問題がそれだけで完結せず、他の多くの問題と影響し合います。さらに、問題には1つとして同じものがないため、既存のマニュアルや事例に従うような画一的な対応はできません。そして、その問題をとりまく環境が変化することで問題自体も変化し続けます。判断のための客観的な指標がないため、自分たちで何らかの指標を決め、判断し、より良いと思われる方向に向かって歩みを進めていく必要があります。

デザインが対応するのは厄介な問題が多くを占めると言われていますが、その問題とする範囲の大きさにはさまざまなものがあると考えられます。また、多くの行政が人口減少や少子高齢化、教育、災害対策などの課題に直面していますが、その中においても、シンプルな問題から厄介な問題までさまざまなものがあるはずです。それに応じた実践が必要と言えるでしょう。

次に、具体的な場面を想定して、どのようにデザイン手法を活用することができるか検討してみたいと思います。

## 高校生向けの事業広報をしたい

講演会などのイベントや補助事業の案内など、「行っている事業を知ってほしい」という場面は多いのではないでしょうか。事業実施の中でも多く現れる場面だと思います。目的は決まっているように見えるので、シンプルな問題か複雑な問題と言えるでしょう。

この場面を例にとり、具体的に考えてみましょう。お題は仮に、若者に地域での起業に対する興味関心を持ってもらうための「高校生向け起業家講演会」ということにします。

高校生に知ってもらうという方法をシンプルに考えれば、「広報チラシを作成し、学校で配布してもらう」ということが考えられます。

しかし、本当にそれでよいのでしょうか。

確実に手にとってもらえるように思えますが、数ある広報チラシの1枚として配られていれば、そのままカバンに入れられてしまうだけかもしれません。

仮にその方向で考えるとしても、チラシのテイストや使う写真・文言など、考えることは意外と多くあります。それらをどのように考えればよいのでしょうか。たとえばデザインの考え方をふまえるとこういうことができそうだ、ということを一緒に考えていきたいと思います。

## 現状を確認する

まず、現状の確認です。

「高校生向けの起業家講演会」を行う事業の目的や望ましい結果、そのために高校生の中でも特にどのような人に知ってほしいのか、という部分を確認することがまず必要です。起業に興味を持っていて、具体的な一歩を知りたい生徒、将来のキャリアに迷っている生徒など、誰を対象とするかでチラシに記載する内容も大きく変化します。

特に対象としたい高校生像を確認できたら、そのような高校生が普段どのような行動をしているか、また周りの人とどのような関係性があるかを見ていきましょう。保護者、兄弟、友人、学校の先生、地域の大人たち、塾や習い事の友達、SNS上の友人など、少し考えるだけでも多くの人と接点があるはずです。また、より解像度を上げれば、学校の先生と言っても、担任、進路指導や部活の顧問など、異なる関係性があるはずです。具体的な地域を設定すれば、名前を具体的に挙げることもできるでしょう。

また、その高校生がその事柄（今回であれば起業）に対してどのような印象を持っているのかまとめてみます。これまでの調査などでわかっていることもあれば、想像がつかない部分もあるでしょう。ツテを辿って対象に近そうな高校生に話を聞いてみることもできます。もし高校生が難しければ、高校生を近くで見ている学校や塾の先生など状況をよく知っていそうな人に話を聞いてみることもできます。

## どのように届けるか考える

講演会の情報を届けたい相手のことがわかってきたら、次は「それをどのように届けるか」ということを考えていきます。

「若い人向けだからデジタルで」という話をよく聞きますが、高校生の中で流行っているSNSを使うことが本当に良い手段かはよく考えるべきです。競合が多く、見たい情報しか入ってこないSNSで情報を発信しても、相手に届く可能性は低いと言えます。

そこで、デジタル以外の高校生の情報入手経路や、彼／彼女らが普段目にしている物事を考えてみましょう。通学で駅を使っていれば、駅にポスターを貼る、塾や習い事の教室にチラシを置いてもらうということも考えられるかもしれません。

親しい友人からの口コミが考えられるのであれば、友人と一緒に参加すると景品がもらえるなど、友人を誘いたくなるようなインセンティブを工夫することが考えられるかもしれません。

届けたい対象者のことがわかってくると、そこにどのように情報を届けたらよいかということもより具体的に検討しやすくなってくるものです。

具体的なアイデアを出す際には、一人で考えるのではなく、同僚など他の人と一緒に考えるのがよいでしょう。アイデア創出は、それを考える人の知識やこれまでの経験に依存する部分が大きく、複数の人が入ればそれだけ多様な意見が出やすくなるからです。

このように考えてくると、高校生に地域での起業に対する興味関心を持ってもらうためには、「起業家講演会」を行うこと以外にもより効果があるかもしれない施策が頭に浮かんできます。

たとえば、高校の探究的な授業として実施できるようなプログラムを検討したり、高校の授業に起業家を招くことを支援する、といったことなどです。

ここまでくると、「事業を広報する」という具体的な実施事項から1つ上の視点に立って事業の内容を検討するということになります。「事業を知ってほしい」というシンプルな問題から始まっても、そもそもを検討していくうちに「あるべき姿の議論」に立ち返る部分があるというのは面白いところです。

## さまざまな人の視点を取り入れた計画をつくりたい

先ほどの広報の例に比べ、こちらはより抽象度の高いテーマです。自治体のその分野におけるビジョンを考えるということになり、何か決まった姿があるわけではありません。問題の種類としては厄介な問題に分類されるものでしょう。

計画策定については、その数の多さや手続きにかかるコストなど自治体の負担が問題になっており、改善方法が議論されています。今後中長期で見た時に、行政計画というもののかたちも多様になってくる可能性があります。計画ではありませんが、ここではひとつ事例を挙げて、策定方法について考えてみたいと思います。

## 滋賀県翻訳・多言語対応ガイドラインの策定

このガイドラインは、滋賀県多文化共生推進プランに基づき、滋賀県に住む外国人住民や滋賀を訪れる外国人観光客の言語環境を改善し、より的確な情報提供を推進するために、多様な主体が共有するものとして作成されました（図26）。2018年（平成30年）の策定にあたり、その前年2017年4月から12月にかけて、実際に実務をされている事業者を中心とした公開形式での意見交換会やヒアリング、それらの記録をもとにガイドラインの素案を作成し、庁内意見聴取やパブリックコメントを経て策定されました[1]。

本ガイドラインの策定の特徴的な点は、審議会や委員会といった会を設置するのではなく、実務者の方から多く意見をもらうため、「多言語・翻訳アワー in 滋賀」という名前の意見交換会を複数回実施していることです。各会の議事録などの内容は滋賀県のウェブサイトで公開され、テーマについて率直な意見交換がなされていたことが読み取れます。対話を促すよい雰囲気づくりをするため、意見交換会は行政の会議室だけでなく県内のコワーキング

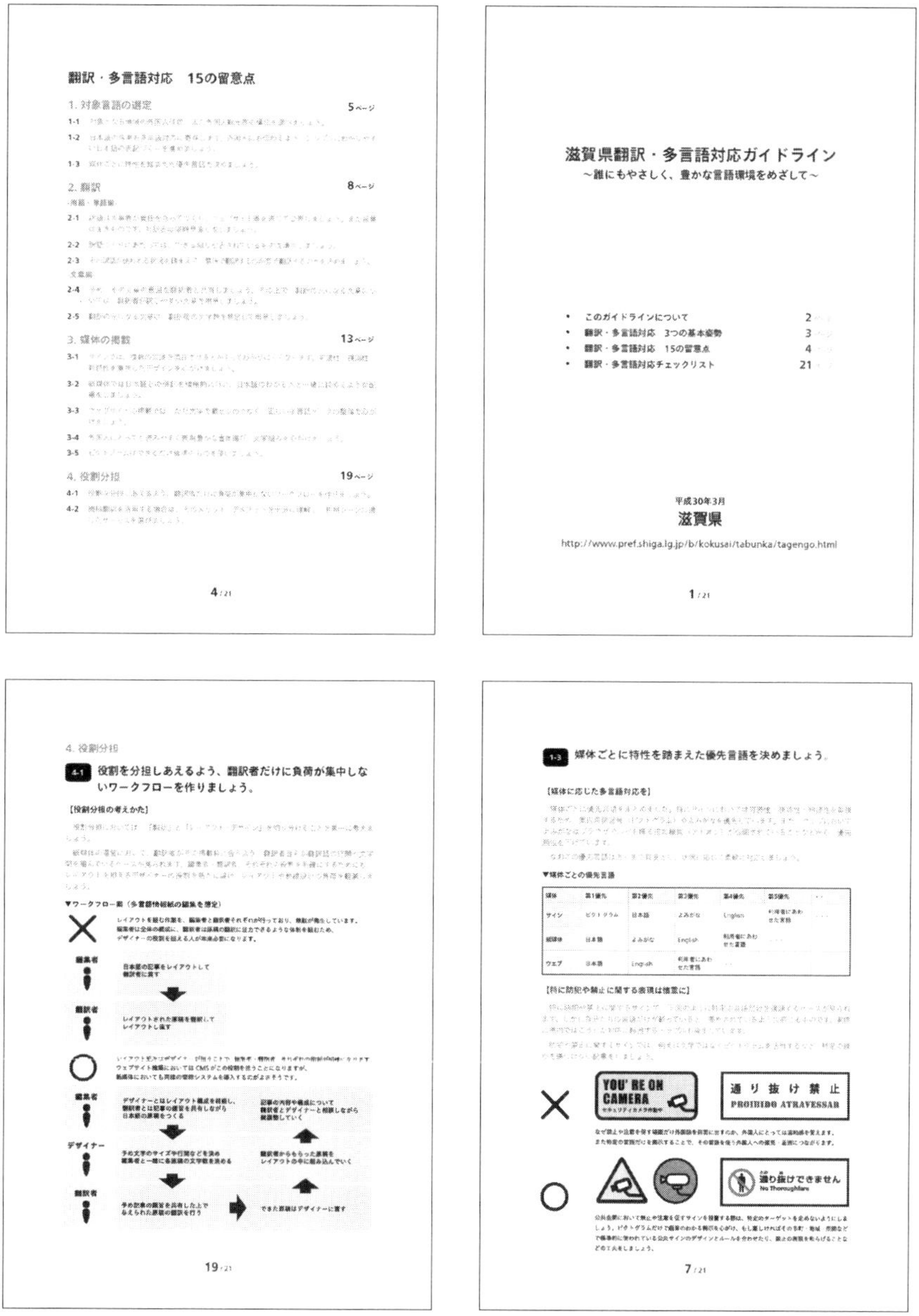

翻訳・多言語対応　15の留意点

| | | |
|---|---|---|
| 1. 対象言語の選定 | | 5ページ |
| 2. 翻訳 | | 8ページ |
| 3. 媒体の掲載 | | 13ページ |
| 4. 役割分担 | | 19ページ |

4/21

滋賀県翻訳・多言語対応ガイドライン
〜誰にもやさしく、豊かな言語環境をめざして〜

- このガイドラインについて　2
- 翻訳・多言語対応　3つの基本姿勢　3
- 翻訳・多言語対応　15の留意点　4
- 翻訳・多言語対応チェックリスト　21

平成30年3月
滋賀県
http://www.pref.shiga.lg.jp/b/kokusai/tabunka/tagengo.html

1/21

4. 役割分担

4-1 役割を分担しあえるよう、翻訳者だけに負荷が集中しないワークフローを作りましょう。

【役割分担の考えかた】

▼ワークフロー例（多言語情報紙の編集を想定）

19/21

1-3 媒体ごとに特性を踏まえた優先言語を決めましょう。

【媒体に応じた多言語対応を】

▼媒体ごとの優先言語

【特に防犯や禁止に関する表現は慎重に】



7/21

図26 作成された滋賀県翻訳・多言語対応ガイドライン

スペースなども使用し行われ、会場の設定も、いわゆるコの字型に会議テーブルを置くようなかたちではなく、椅子を丸く置いた車座形式で行われました。

委員会の設置は、法令で定められているものもありますが、市民参加のプロセスを通した正当性を計画に与える方法として「とりあえず」設置されているケースも多くあるのではないでしょうか。行政計画のあり方が変化していこうとしているなか、その策定プロセスや表現方法についても創造的な試行錯誤が求められます。一口に「自治体」と言っても、歴史や規模など非常に多様性があり、独自の工夫をしている自治体も多く見られます。その試行錯誤のひとつとして、デザイン手法を活用できる可能性があるのではないかと思います。

## デザインと言わなくてもデザイン的なプロジェクトはある

先ほど、滋賀県の「翻訳・多言語対応ガイドラインの策定」の事例を紹介しましたが、「デザインの実践」と言わずとも、デザイン的な考え方や態度をもって実施されたプロジェクトは数多くあるのではないかと感じます。

みなさんは、NHKで放送されている「デザインあ」[2]という番組をご覧になったことはあるでしょうか。筆者はとても好きな番組なのですが、この番組を観ていると、さまざまに工夫されたデザインが身の回りにあふれていることに気づかされます（そこで気づくということは、それだけ普段意識していないということでもあります)。

番組の中で、「うごきのデザイン」というコーナーがあり、そこではたとえば駐車場の「線」やプールを区切る「コースロープ」など身の回りにあるものの働きを紹介し、最後に「素晴らしいデザインだよね〜」という言葉で締め括られます。

さて、駐車場の線やプールのコースロープなどを「デザイン」として考えたことがある方は、どれくらいおられるでしょうか？　初めてコーナーを観た時に、「なるほど！　これもデザインか」と思ったことを思い出します。

自治体で行われている事業も同じで、デザインという言葉を使わなくとも、うまいデザインだなと思わされる事例が数多くあるように思います。ここまで読んでくださった方の周りでも、「政策デザインあ」とでも言えるような例がたくさん思い浮かぶのではないでしょうか。

3-2
# デザイン実践の方法を考える10の判断ポイント

ここまで、具体的な例を挙げてデザインを実践する進め方を見てきました。とはいえ現実にはさまざまな政策・事業が存在するため、何か1つの型通り進めるということにはならないでしょう。

そこで、デザインを実践する方法を検討する参考として、10の判断ポイントをご紹介したいと思います。これらをチェックリスト的に活用することで、次にどのような行動をとればよいか考えやすくなるはずです。

**❶ 関係者が誰か見えているか**
**❷ 各関係者の求めているものが推察できるか**
**❸ 関係者の利害は対立しているか**
**❹ 関係者は現在どのようなふるまいをしているか**
**❺ 現在わかっている情報は目で見えるかたちで共有されているか**
**❻ 誰のどのような課題を解決するか定義されているか**

**❼課題に対してすでに対策が行われているか／行われている場合その対策に対する関係者の評価はどのようなものか**

**❽同じような課題を解決している他の事例を知っているか**

**❾新たな解決策のアイデアを試したことがあるか**

**❿新たな解決策が実施されると関係者にどのような影響がありそうか**

## ❶関係者が誰か見えているか

担当している事業には、どのような人や物事が関係しているか認識できているでしょうか。事業の直接の対象者（さきほどの広報の例で言えば高校生）だけでなく、その周りにいる先生や友人などの人々、普段目にしている情報なども含まれます。また、事業によってはテーマに関係する地域の企業や団体なども含まれるでしょう。どこにどのような人がいるか把握することは、これからの進め方やコミュニケーションを考えるうえでまず重要です。

## ❷各関係者の求めているものが推察できるか

事業の関係者がそれぞれどのような考えを持っているか、またその関係性を考えてみましょう。たとえば、直接の対象者である高校生は起業に対してどのような考えをもっているでしょうか。また、その保護者や学校の先生たちはどうでしょうか。現在起業は珍しくないものになってきていますが、世代が上の方々にとっては起業はリスクが大きいもので、起業するよりも良い大学に進学し良い企業に勤めてほしいと思っているかもしれません。

このように、各関係者がどのような考えを持っているか推察し、その関係性を捉えておくことで、誰にどう働きかけるのがよいかが明確になってきます。

## ❸関係者の利害は対立しているか

関係性を確認してみて、利害の対立が起こっているかどうか、また対立がある場合にその仲裁が必要かどうかを考えてみましょう。たとえば、高校生とその保護者では起業に対する考え方が大きく異なるかもしれません。もし仲裁が必要であれば、双方から話を聞き論点整理をする必要が出てくるでしょう。また、論点整理することで、その対立をうまく解決するアイデアが生み出せる可能性も出てきます。もし情報の不均衡や思い違いが対立の原因であるならば、ワークショップのようなかたちで双方が一緒に話すことで対立を解消できる可能性もあります。関係性を理解しないまま単にワークショップをするだけでは、何も生まれないか、状況を悪くする可能性もあります。

## ❹関係者は現在どのようなふるまいをしているか

対象者は現在どのような言動をしているでしょうか。人は自分のふるまいをすべて認識し言葉にできるわけではありません。行動の背景にある物事の認識まで解釈をしていく必要があります。そのために、直接話を聞くだけでなく、言動を観察してみるということもひとつの方法となります。たとえば、進学校に通う高校生は普段「高校→塾→家」のトライアングルで、空いている時間がない、駅や塾での同級生との会話が息抜きになっているなど、高校生が普段どのような生活行動をしているか話を聞きながら推察する、高校生が多く集まる場所で行動や会話を観察してみる、ということが考えられます。

## ❺現在わかっている情報は目で見えるかたちで共有されているか

❶〜❹で説明したような事柄がすでにある程度把握できているとしたら、それらを図などのかたちで可視化することが重要です。そうすることで、関係者に情報共有がしやすくなったり、関係者間の認識違いに気づくことができます。また、言葉にされていなかった部分が表現されるなど、可視化することで思考が進むこともあります。

## ❻誰のどのような課題を解決するか定義されているか

具体的な解決策を検討する前に、「誰のどのような課題を解決するのか」という課題定義がしっかりとなされている必要があります。たとえば、

【課題】「高校生は一人でイベントに参加することで、周りの友人から〝意識高い〟と思われることが嫌だ」→【解決の方向性】「忙しい高校生が友達を誘って参加したくなるような起業イベントにどうすればできるか」

【課題】「保護者は自分世代の感覚で、起業はリスクが高く、限られた一部の人がすることだと思っている」→【解決の方向性】「どうすれば保護者の方に現在の起業の魅力を知ってもらえるか」

といったことです。議論をしていると具体的なアイデアやその詳細の話になってしまい、議論がまとまらないということがあります。冒頭でご紹介したダブルダイヤモンドプロセス（図3、P.27）のイメージを思い出し、まず課題とその解決の方向性がしっかり定義されているかを考えましょう。

## ❼課題に対してすでに対策が行われているか。行われている場合その対策に対する関係者の評価はどのようなものか

課題設定がすでにされており、何らか対策が行われているのであれば、それが現状どうなっているのか、また当初の課題設定の背景やその課題が変化しているかどうかを確認しましょう。また、関係者がそれに対してどのように感じているか現状確認することも大事です。行政の事業でまったく新しいことをするということは少なく、関連して何らか活動が行われていることも多くあるはずです。すでに実行されていることを確認することは重要な情報インプットにもなります。また、過去にうまくいったこと、うまくいかなかったことなど、経緯や結果を把握しておくことで内部での調整がしやすくなる部分もあるでしょう。

## ❽同じような課題を解決している他の事例を知っているか

アイデアを出すためには、経験や知識の量が重要になります。「アイデアは既存の要素の新しい組み合わせである」[3]というのは、クリエイティブな仕事をする人の中ではよく知られた言葉です。先進事例の参照は自治体でもよく行われていると思います。重要なことは、事例の表面だけでなくその裏側の仕組みまで理解することです。自治体固有の経緯や状況があり、それらも含めて知ることによって、より自分たちの環境に合ったアイデア創出ができるはずです。また、行政関係に限らず、他業界の事例が参考になることもあります。

## ❾新たな解決策のアイデアを試したことがあるか

何か新たなアイデアを検討する際には、どのようなかたちでもよいのでそれを試してみることを考えてみるとよいでしょう。たとえば、企画書を想定する対象者と近い人に見せて意見をもらう、といったことです。外部が難しければ庁内で似たような人を探すということでもよいでしょう。図を見せる、小規模にやってみるなど、アイデアの試し方にはさまざまな方法があります。やるかやらないかでは大きく違いますので、まず可能な範囲でやってみるということが大事です。

## ⑩新たな解決策が実施されると関係者にどのような影響がありそうか

事業を実施することで、その関係者には多かれ少なかれ影響があるものです。その影響としてどのようなことが想定されるのか、事前に検討しておくことも大事です。まずは、関係者を整理した図に書き込んだりするだけでも十分でしょう。大事なことは、事業が影響を与える範囲を対象者だけでなく、その周囲、また提供側も含めた広い視点から考えておくことです。

ここで紹介した判断ポイントは、デザイン手法を活用する目的と表裏一体のものと言えます。次の節では、まず知っておきたいデザインの基本的な手法についてご紹介します。

3-3

## まず知っておきたいデザインの手法：政策デザイン実践のための「9つ道具」

実践の方法を考える判断ポイントをご紹介してきましたが、それぞれの場面で活用できるデザイン手法は数多くあります。世の中には膨大な量のデザイン手法が存在しており、探せばきりがありません。その中でも、使いやすく、まずはこれらを使うところからスタートするのがよいのではと筆者が考えるデザイン手法についてご紹介します。

品質管理（Quality Control：QC）の世界には、「QC7つ道具」と呼ばれる基本の分析手法があります。今回ご紹介するのは、政策をデザインする「9つ道具」とも言えるものです（表7）。

手法は実際に使ってみるのが大事です。本書では、以下で説明する9つ道具のテンプレート（P.260）を用意していますので、ぜひ使ってみてください。

| カテゴリー | 9つ道具（デザイン手法） |
|---|---|
| 状況を理解する | 道具1 **インタビュー**<br>当事者に話を聞く |
| | 道具2 **行動観察**<br>その場で何が起きているか観察する |
| | 道具3 **サービスサファリ**<br>自分たちで体験して振り返る |
| 情報を可視化して整理・共有する | 道具4 **ステークホルダーマップ**<br>関係する人や物事のつながりを図で示す |
| | 道具5 **ペルソナ**<br>届けたい人物像を明確にする |
| | 道具6 **ジャーニーマップ**<br>その人がどんな体験をしているか可視化する |
| 課題を定義する | 道具7 **HMWクエスチョン**<br>課題定義の広さと深さを調整する |
| 洞察や発見、アイデアの種を整理する | 道具8 **親和図法**<br>多様な視点を統合する |
| アイデアを伝える | 道具9 **ストーリーテリング**<br>物語で伝える |

表7 政策デザインの「9つ道具」

## 状況を理解する

1つ目のカテゴリは、「状況を理解する」というものです。共通する心構えとして、**すでに知っていることを確認するということではなく、自分のこれまでの物事の見方を新しくするために行う**という態度で臨むことが大切です。固定観念をいったん脇において、仮説検証ではなく、仮説を探索する気持ちで実施しましょう。また、詳しくは後で述べますが、調査を行う際には、**事実情報と解釈・発見を分けて記録しておく**ことが共通して重要です。

### 道具1　インタビュー：当事者に話を聞く

「インタビュー」とは、政策の対象者やその政策を提供する事業者などに話を聞くことです。デザインプロセスにおけるインタビューでは、「デプスインタビュー」と呼ばれる、対象者と1対1で、1時間から1時間半程度時間をとって対象者の価値観に深く迫るようなインタビューを行うことが多くあります。これは、単純に質疑応答というかたちでこちらが聞きたいことを表面的にさらっと聞くのではなく、対話の中で深掘りしていくためです。

インタビューに臨む際には、インタビューガイドというA4片面1枚程度に質問項目をまとめた資料を用意します（図27）。質問内容は1から10までガチガチに固めるのではなく、気になる発言があったときに深掘りできるようにある程度余裕をもったかたちにしておきま

関係人口P」:〇〇さんインタビューガイド

**■インタビュー背景の説明 5min (5/45)**

- 関係人口に関連するアイデアの検討をしている
- 特に長浜出身で都市部に住んでいる人向け
- インタビューは録画させてほしい。録画の内容は一般公開はされない。
  検討チームである、自分とサービスデザイナー、担当の行政職員は見る可能性がある。
- プライバシー侵害が生じるような個人情報は絶対に第三者に開示しません。

**■インタビュー対象者について 5min(10/45)**

- 年齢、仕事、家族構成など
- 趣味や最近気になることについて
- 地元(長浜)の印象について

**■地元への帰省について 20min (30/45)**

- 帰省時の過ごし方はどう決めているか
- 地元に帰って過ごすときの困りごとはなにか
- 地元に帰るときどのように地域の情報を得ているか
  ・例:子どもと一緒に行ける場所、話題の場所
- 仮に今地元にUターン検討するとして、障害になると思うものは何か
- どんな仕事があれば、地元に帰るのもいいかなと思うか
- 今後Uターンの可能性はあると思うか
  ・コロナによって心境に変化は

**■アイデアについて 15min(45/45)**

- 長浜ドア(仮)の説明
  ・コンセプトシートを共有しながら
  ・メールアドレスを登録すると興味ある情報が定期的に送られてくる
- 自分なら使いたいと思うか
- アイデアの良いと思ったところや違和感
- どんな情報が送られてくると嬉しいか

**■ラップアップ**

- 補足での質問など

図27 インタビューガイドの例

す。このようなかたちのインタビューを「半構造化インタビュー」といいます。インタビューガイドがあることで、質問したいことの全体像を把握しておくことができ、インタビューの進捗や話が脇道にそれたときに本筋に立ち戻りやすくなります。

インタビュー対象者の中には、言葉で表現することが得意でない人もいます。紙とペンで絵を書けるようにしておく、写真などのビジュアル資料を用意しておくなど、対象者の情報を引き出しやすい環境を整えることも大切です。

インタビューを実施する側は、できるかぎり複数名で対応できるようにしましょう。2名の場合は、1名がメインインタビュアー、もう1名がサブインタビュアー＋記録・写真係というような役割分担になります。複数名で実施することで質問のヌケモレに気づいたり、話の内容を後で振り返る際に複眼的な視点で内容を考えることができます。

話の内容を記録したり振り返る際には、事実情報と解釈・発見というものを分けて考えることが重要です。事実情報とは実際に対象者が話をしたこと、解釈や発見はインタビューした側が感じたことや思ったことなどです。事実情報は誰が見ても同じですが、解釈や発見は人によって異なります。つまり、**同じ事実情報でも異なる解釈や発見が生まれうる**ということです。事実と解釈・発見を分けておくことで、内容を他の人に共有したり、アイデアを検討していく中で立ち戻りやすくなります。

## 道具2　行動観察：その場で何が起きているか観察する

「行動観察」とは、実際にその事業が行われている現場に足を運び、人がどのような行動を行っているか、何が起きているのか観察するということです。

人は無意識にさまざまな行動をしています。そのような行動は、対象者に直接聞いてもわからないものです。このような行動を観察によって把握し解釈することで、対象者の潜在的なニーズや課題となっていることを発見します。

観察の際に参考になる視点として、「AEIOUフレームワーク」をご紹介します。

**Activity（行動）**：その場でどのような行動が行われているか、またその行動の流れや習慣化された行動はどのようなものか。

**Environment（環境・空間）**：活動が行われる場所はどのようになっていて、その空間や雰囲気が人々にどのような影響を与えているか。

**Interaction（相互作用）**：人と人、人とモノや空間はどのような関係性にあるか、また関わりあっているか。

**Object（モノ）：**どのようなモノが存在し、使われているか。またそのモノはどのような影響を与えているか。

**User（ユーザー）：**対象者はどのような動機や目的を持っているか。また対象者と他の人の関係性や役割はどのようなものか。

これを市役所の市民課窓口を例に当てはめてみると、このような感じです。

**Activity：**窓口を探す、発券機で発見してもらう、呼び出しを待つ、モニターを見る、ボーッとする、……

**Environment：**オープンスペースで外が見えて明るい、市民ギャラリーが近い、天井が高い、廊下との境界がはっきりとしない、……

**Interaction：**総合案内の人が声をかけている、子どもがベンチのまわりを走り回っている、ギャラリーに行くと番号モニターが見えない、……

**Object：**記入台、発券機、カウンター、ベンチ、モニター、証明書の自動発行機、……

**User：**待つ間スマホ見ている人が多い、用紙記入よりも先に発券している、記入済み用紙を持ってきている人は少ない、……

これは例として挙げたものですが、みなさんの最寄りの役所ではいかがでしょうか？　ここに書き出されたものを読んでいるだけで、この辺をもうちょっと知りたい、こんなこともできるのでは、と頭が回転してきた方もおられるのではないでしょうか。そのようなところから、課題定義やアイデアを検討していくことになります。

## 道具3　サービスサファリ：自分たちで体験して振り返る

一連のサービスを自分たちで体験してみるということも立派な調査です。自分自身が対象者になりきり、普段自分たちが提供しているものが対象者から観てどのように見えているか、感じられているかを考えるということです。少し視点は異なりますが、実際にそのサービスを体験するだけでなく、対象者と同じような環境に身をおいた経験を振り返るということも考えられます。たとえば、まったくわからない言語の国に旅行したことがある方は、その時にどう感じられたでしょうか。英語もなく現地語だけで、不安になった場面もあるのではないでしょうか。そのような気持ちは海外から日本に来る観光客も同じかもしれません。

また普段の体験、たとえば会員登録や買い物などの機会に、体験の良かったところ、悪かったところに意識的になり、それを応用できないか考えるということもできます。「サファリ」とは野生の動物を探しにいくことですが、自分たちが当たり前と思っていることでも、そのような心持ちで視点を変えることで新たな発見や認識が変わることもあるでしょう。

**道具2**の行動観察とサービスサファリの違いは、観察する現場と観察者の距離感と言えます。行動観察は一歩引いた客観的な視点からの記述である一方、サービスサファリは自らが当事者となり、そこで感じたことなど主観を大切に実施します。観察の観点としては多くが共通したものになりますので、テンプレートは同じものとなっています。

## 情報を可視化して整理・共有する

2つ目のカテゴリは、「情報を可視化して整理・共有する」というものです。これからご紹介する手法について、頭の中では似たことをしている、という方もおられると思います。それを**図として頭の外に出して客観的に見ることで、ヌケモレに気づいたり、他の人と一緒に考えるということができる**ようになります。

また、可視化した制作物をつくることで、チームでの共通理解を促したり、さまざまな人と一緒に活動がしやすくなります。このような協働を促進する制作物を「バウンダリー・オブジェクト」と言います。今回ご紹介する手法以外にも、デザインプロセスでは「可視化」ということを大切にしますが、それはデザインプロセスにおいて多様な人との共創が大切な要素であるからと言えるでしょう。

### 道具4　ステークホルダーマップ：関係する人や物事のつながりを図で示す

「ステークホルダーマップ」とは、その物事に関係する人や組織を書き出し、どのような関係性で結ばれているかを図示したものです。マップにはモノやサービスが登場する場合もあります。マップのつくり方にはさまざまな種類があり、書籍やインターネットを検索し、自分のイメージに合いそうなものを参考にして作成するとよいでしょう。

基本の作成ステップは次のようにシンプルです。

**1. 関係する人や組織を書き出す。**
**2. 書き出した人や組織がどのような関係性になっているか並べ替える。**
**3. どのような関係性ややり取りが行われているか説明を加える。**

これだけのシンプルなものでもよいですし、そこに追加で情報を書き入れても構いません。大事なのは、**頭の中にしまっておくのではなく、それを可視化することで自分自身や他の人と議論をする**ということです。

たとえば、図28は過去に高校生向けのキャリア教育に関する事業アイデアを考える際に作成した図です。真ん中に高校生がおり、普段どのような人とやり取りをしたり情報を得ているのか、その影響力の大小を想定して配置しています。これが完成版というわけではなく、これを使いながら他の方と議論をしたりインタビューをしたりするわけです。

どうでしょう。これくらいの図ならつくれそうな気がしてきたのではないでしょうか。

## 道具5 ペルソナ：届けたい人物像を明確にする

「ペルソナ」とは、調査に基づいて作成する仮想の人物像のことを言います。ペルソナはもともと「仮面」という意味で、それが転じて演劇などの「登場人物」を意味するようになったと言われています。

デザイン実践においては、「誰の」「どのような課題」を解決するのかという点がことあるごとに強調されます。この「誰の」という部分について、洞察を深めたりチーム内で共通認識を持つために作成されるのがペルソナです。ペルソナがあることで、対象者の立場に立って検討しているアイデアを評価することがしやすくなるのです。

ペルソナはもともと仮面という意味だとお話しましたが、能について書かれた記事でこのような話を読んだことがあります[4]。

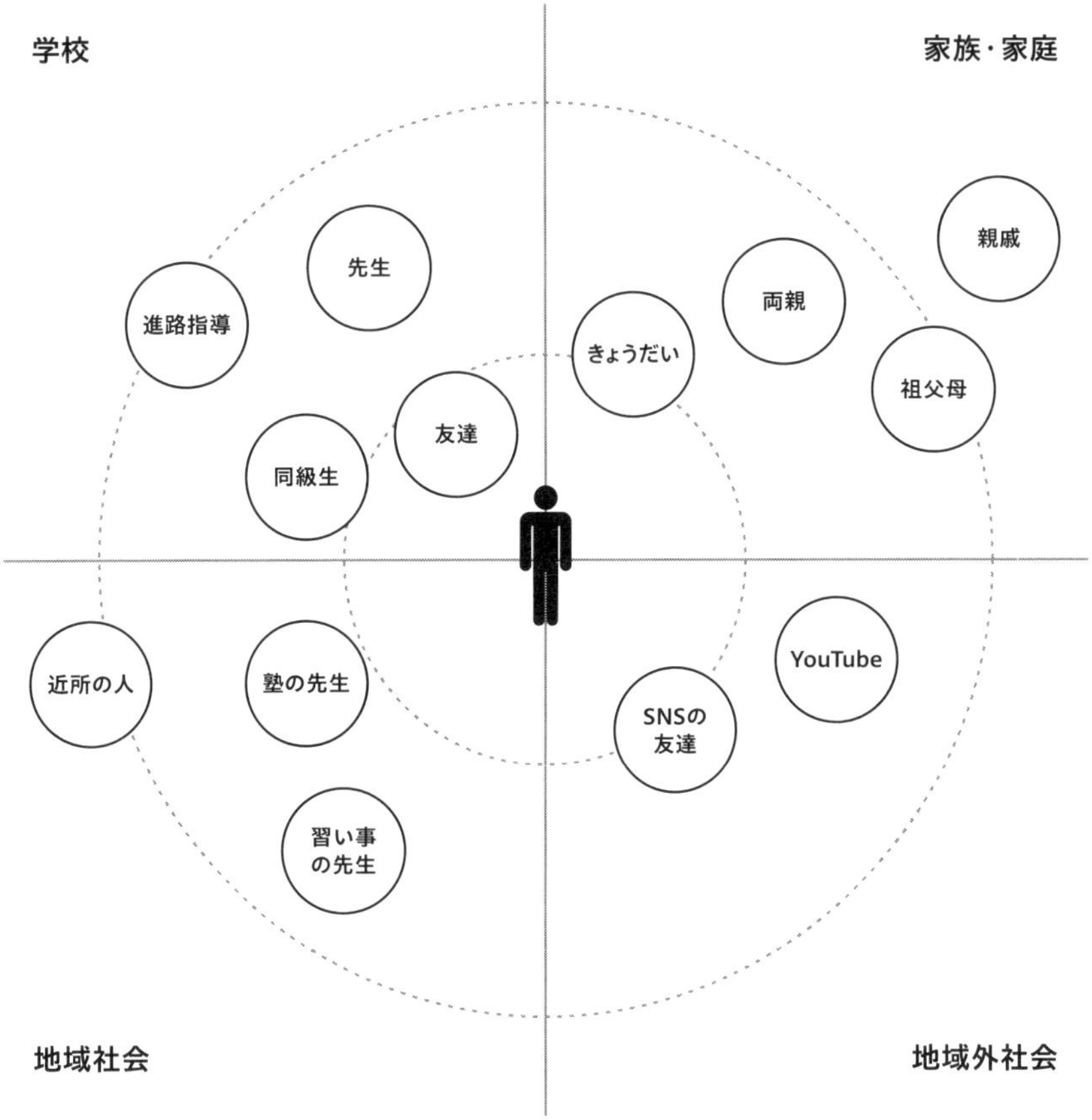


図28 ステークホルダーマップ例

**能ではなぜ仮面をつけるのか？**

主役のシテは神様や鬼、幽霊など異界の者であることが多く、私たち観客はシテを通じて「あちら側の世界」を垣間見ることになります。

こちら側とあちら側（異界）を繋ぐ役割となるシテは、舞台上で生身の人間としてではなく、異界の者になりきることが求められます。（中略）能楽師の山井綱雄（やまいつなお）さんは「能舞台に立つにはトランスフォーメンション（変身）が必要です」とおっしゃっていました。

デザインプロセスの中で作成するペルソナは、異界の者ではなく同じ人間ではありますが、それでも人が持つ世界観というのは千差万別です。それを少しでも理解するため、ペルソナを通して自身の視点を変身させるという意識が必要でしょう。

ペルソナの表現形式もさまざまなものがあります。「デザイン ペルソナ」で画像検索してみると、それがよくわかります。図29は、著者が「滋賀へのUターン」をテーマに調査をした際に作成したペルソナです。また、89ページで紹介した滋賀県の事例も参考になるでしょう。そのように多様なペルソナ手法ですが、おおよそ共通して記載されている要素として以下のようなものがあります。

- 顔写真・イラストや名前

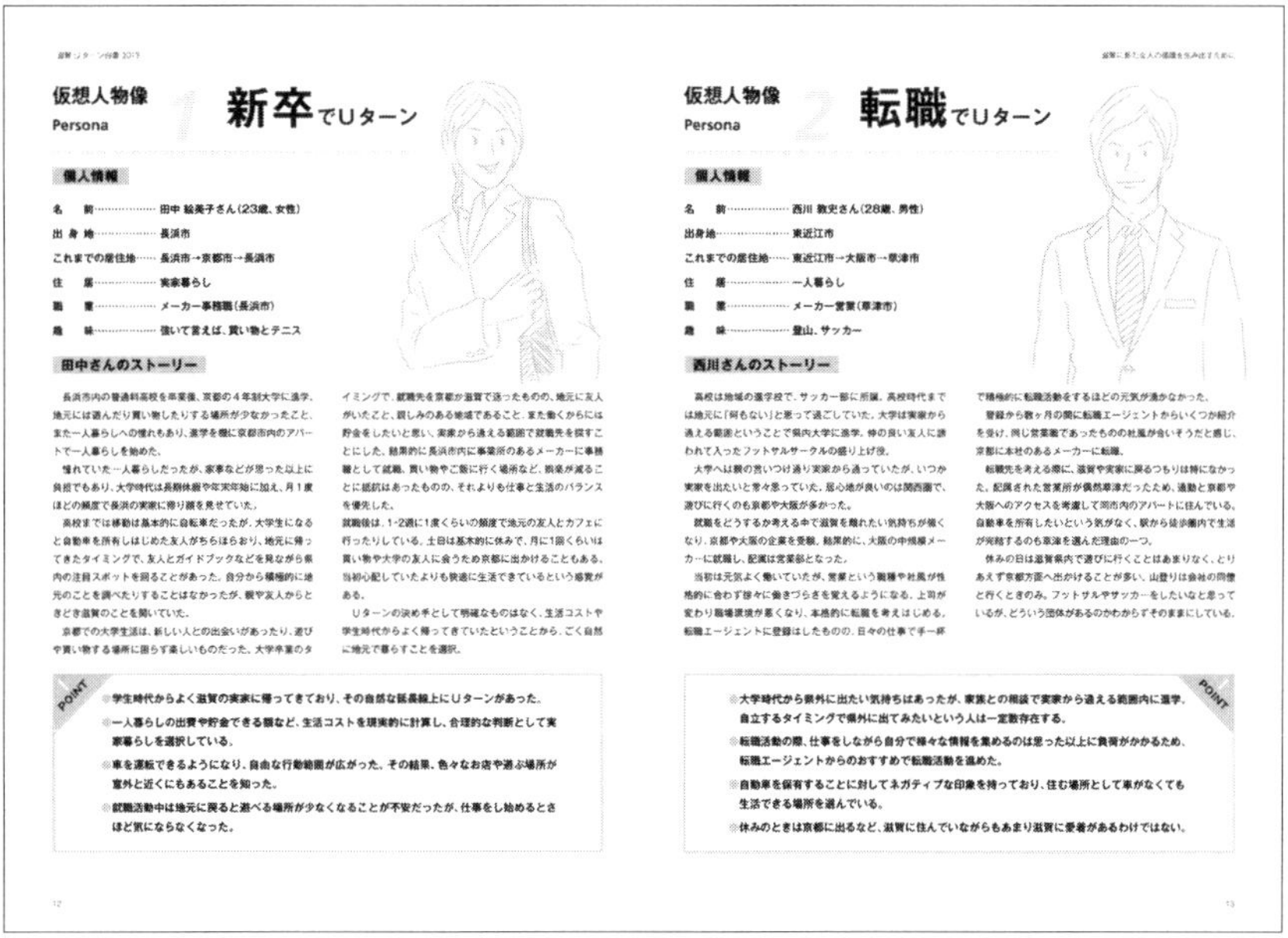

# 仮想人物像 Persona 1 新卒でUターン

**個人情報**

名　前……田中 絵美子さん(23歳、女性)
出身地……長浜市
これまでの居住地……長浜市→京都市→長浜市
住　居……実家暮らし
職　業……メーカー事務職(長浜市)
趣　味……強いて言えば、買い物とテニス

**田中さんのストーリー**

長浜市内の普通科高校を卒業後、京都の４年制大学に進学。地元には遊んだり買い物したりする場所が少なかったこと、また一人暮らしへの憧れもあり、進学を機に京都市内のアパートで一人暮らしを始めた。

憧れていた一人暮らしだったが、家事などが思った以上に負担でもあり、大学時代は長期休暇や年末年始に加え、月１度ほどの頻度で長浜の実家に帰り顔を見せていた。

高校までは移動は基本的に自転車だったが、大学生になると自動車を所有しはじめた友人がちらほらおり、地元に帰ってきたタイミングで、友人とガイドブックなどを見ながら県内の注目スポットを回ることがあった。自分から積極的に地元のことを調べたりすることはなかったが、親や友人からときどき滋賀のことを聞いていた。

京都での大学生活は、新しい人との出会いがあったり、遊びや買い物する場所に困らず楽しいものだった。大学卒業のタイミングで、就職先を京都か滋賀で迷ったものの、地元に友人がいたこと、親しみのある地域であること、また働くからには貯金をしたいと思い、実家から通える範囲で就職先を探すことにした。結果的に長浜市内に事業所のあるメーカーに事務職として就職。買い物やご飯に行く場所など、娯楽が減ることに抵抗はあったものの、それよりも仕事と生活のバランスを優先した。

就職後は、1-2週に1度くらいの頻度で地元の友人とカフェに行ったりしている。土日は基本的に休みで、月に1回くらいは買い物や大学の友人に会うため京都に出かけることもある。当初心配していたよりも快適に生活できているという感覚がある。

Uターンの決め手として明確なものはなく、生活コストや学生時代からよく帰ってきていたということから、ごく自然に地元で暮らすことを選択。

**POINT**

※学生時代からよく滋賀の実家に帰ってきており、その自然な延長線上にUターンがあった。
※一人暮らしの出費や貯金できる額など、生活コストを現実的に計算し、合理的な判断として実家暮らしを選択している。
※車を運転できるようになり、自由な行動範囲が広がった。その結果、色々なお店や遊ぶ場所が意外と近くにもあることを知った。
※就職活動中は地元に戻ると遊べる場所が少なくなることが不安だったが、仕事をし始めるとさほど気にならなくなった。

12

# 仮想人物像 Persona 2 転職でUターン

**個人情報**

名　前……西川 教史さん(28歳、男性)
出身地……東近江市
これまでの居住地……東近江市→大阪市→草津市
住　居……一人暮らし
職　業……メーカー営業(草津市)
趣　味……登山、サッカー

**西川さんのストーリー**

高校は地域の進学校で、サッカー部に所属。高校時代までは地元に「何もない」と思って過ごしていた。大学は実家から通える範囲ということで県内大学に進学。仲の良い友人に誘われて入ったフットサルサークルの盛り上げ役。

大学へは親の言いつけ通り実家から通っていたが、いつか実家を出たいと常々思っていた。居心地が良いのは関西圏で、遊びに行くのも京都や大阪が多かった。

就職をどうするか考える中で滋賀を離れたい気持ちが強くなり、京都や大阪の企業を受験。結果的に、大阪の中規模メーカーに就職し、配属は営業部となった。

当初は元気よく働いていたが、営業という職種や社風が性格的に合わず徐々に働きづらさを覚えるようになる。上司が変わり職場環境が悪くなり、本格的に転職を考えはじめる。転職エージェントに登録はしたものの、日々の仕事で手一杯で積極的に転職活動をするほどの元気が湧かなかった。

登録から数ヶ月の間に転職エージェントからいくつか紹介を受け、同じ営業職であったものの社風が合いそうだと感じ、京都に本社のあるメーカーに転職。

転職先を考える際に、滋賀や実家に戻るつもりは特になかった。配属された営業所が偶然草津だったため、通勤と京都や大阪へのアクセスを考慮して同市内のアパートに住んでいる。自動車を所有したいという気がなく、駅から徒歩圏内で生活が完結するのも草津を選んだ理由の一つ。

休みの日は滋賀県内で遊びに行くことはあまりなく、とりあえず京都方面へ出かけることが多い。山登りは会社の同僚と行くときのみ。フットサルやサッカーをしたいなと思っているが、どういう団体があるのかわからずそのままにしている。

**POINT**

※大学時代から県外に出たい気持ちはあったが、家族との相談で実家から通える範囲内に進学。自立するタイミングで県外に出てみたいという人は一定数存在する。
※転職活動の際、仕事をしながら自分で様々な情報を集めるのは思った以上に負荷がかかるため、転職エージェントからのおすすめで転職活動を進めた。
※自動車を保有することに対してネガティブな印象を持っており、住む場所として車がなくても生活できる場所を選んでいる。
※休みのときは京都に出るなど、滋賀に住んでいながらもあまり滋賀に愛着があるわけではない。

13

図29「滋賀へのUターン」をテーマに作成したペルソナの例

- 年齢や家族構成、職業といったその人のプロフィール
- その人らしさが現れたストーリーや口ぐせなど
- 検討しているテーマや課題に関する考え方や価値観、達成したい物事とその理由

ペルソナを作成する際に注意すべきポイントとして挙げておきたいのは、「先入観だけで作らない」ということと、「その人の価値観がわかるようにする」ということです。

ペルソナを作成していると、特に調査があまりできていない場合、自分たちの持っている先入観が大きく反映されてしまう部分があります。調査が少ない場合でも、表面的な行動や見え方だけでなく、なぜその人はそのような行動や物の見方をしているのか、という価値観の部分まで洞察を深める必要があります。

### 道具6　ジャーニーマップ：その人がどんな体験をしているか可視化する

「ジャーニーマップ」とは、対象者が何らかの目標を達成するまでにたどる、スタートからゴールまでの行動やそこでの感情、情報との接点などを図で表したものです。一連の行動のみをとりあげたものはプロセスマップと言われたりもします。ジャーニーとは「旅」という意味で、主人公がさまざまな経験を経てゴールにたどり着く雰囲気がそこからも感じられます。

ジャーニーマップを作成する際には、**まずスタートとゴールを決める**ことが大切です。た

とえば「防犯灯設置の補助金を申請する」ということをテーマに考えてみましょう。

最初は、スタートをどうするかです。対象者が補助金について担当課に問い合わせる場面か、そもそも補助金があるということについて知る場面か、もっといえば、防犯灯設置が必要だということに気づく場面からか、どの場面をスタートにするかで、検討の範囲が変わります。

ゴールも同様です。補助金の実績報告が終わるまで、防犯灯が設置され地域の人から感謝されるまで、次の補助金を申請するまでなど、どこをゴールとするかでアイデアの検討範囲が変化します。

いずれにせよ、**スタートとゴールの前後にも主人公の旅は続いている**ということを意識しておくことが大切です。

スタートとゴールを決めて作成を始めることで、「まずいったん作り終える」ということがしやすくなります。そこで、もし長すぎる／短すぎるということになれば、スタートとゴールを修正していきます。

ジャーニーマップには、現状を表す「アズ・イズ（As-Is）」と理想の状態を表す「トゥー・ビー（To-Be）」という2種類のものが存在します。今あるサービスを改善する場合はアズ・イズ、新たに開発する場合はトゥー・ビーから作成する場合が多いです。

ジャーニーマップをつくること、でサービスや体験という形のないものが可視化でき、チームや他の人への説明、一緒に考えることがしやすくなります。

「ジャーニーマップ」で画像検索すると、視覚的に綺麗に整理された図が多く見つかり、つくるのに手間がかかりそう……と思うかもしれません。でも安心してください。作成する目的は、対象者の行動や感情、情報との接点などを一連の流れとして見えるかたちでまとめることです。まずは付箋紙を使ったり、ホワイトボードに描くことから始めれば十分です。

図30は、「女性と仕事」をテーマに1時間程度の議論をした時のものです。「小・中学校時代から親の介護をするまで」という長い時間軸で、仕事についてどのような考えや悩みがあるか議論しました。このようなシンプルなものでも、「小・中学生の時の印象が最初の職業選択に大きな影響を与えてるのではないか」や、「ライフステージごとに親世代の価値観とのギャップに悩むことがありそうだ」といった議論をすることができました。

## 課題を定義する

解決策を考える前に、そもそも解くべき課題を定義するという

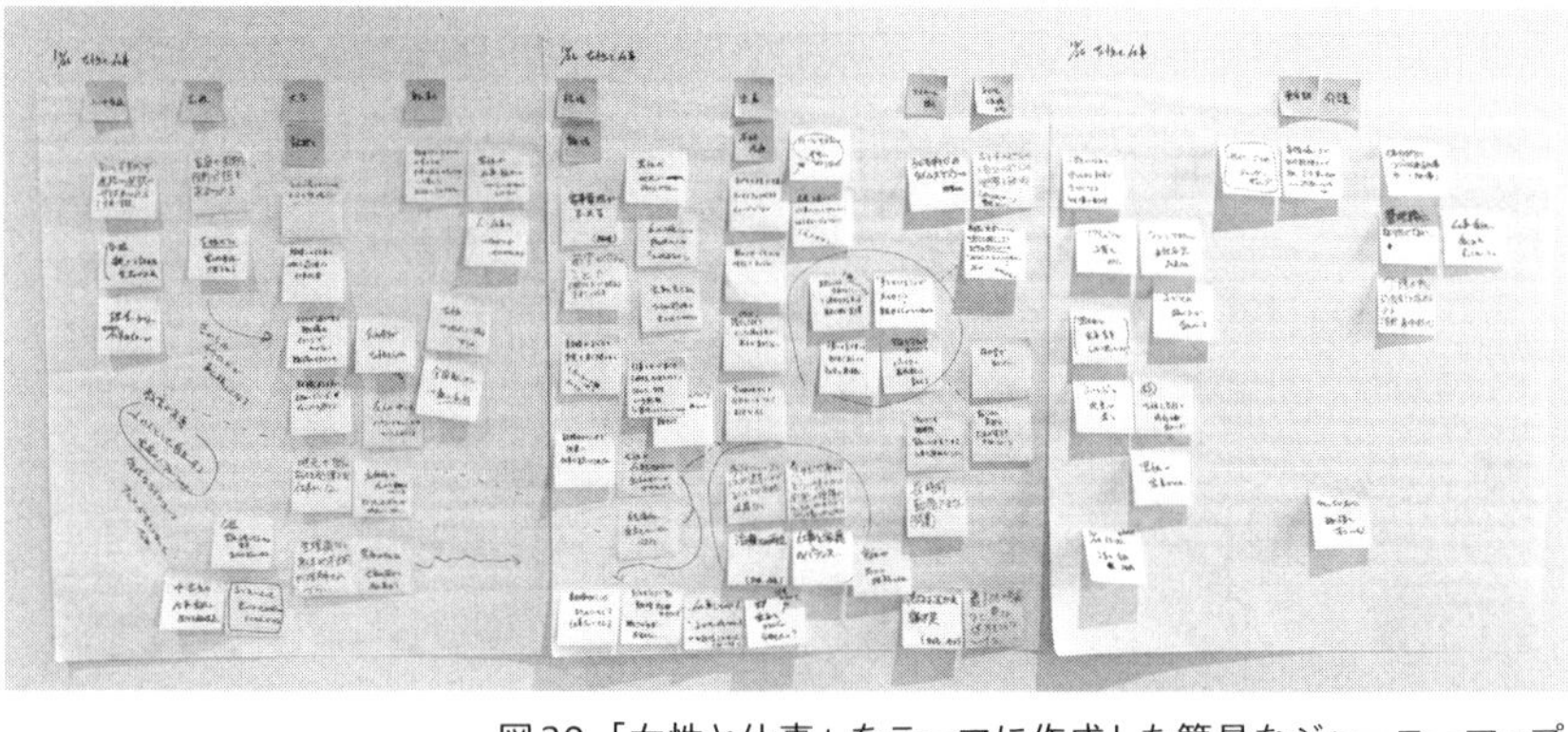

図30「女性と仕事」をテーマに作成した簡易なジャーニーマップ

ことは大事なことです。その方法はさまざまですが、その中でもよく使われる方法「ＨＭＷクエスチョン」を紹介します。

## 道具７　ＨＭＷクエスチョン：課題定義の広さと深さを調整する

ＨＭＷは「How Might We（ハウ・マイト・ウィー）」の略で、「わたしたちは、どうすれば○○できるだろうか？」という問いかけのかたちで課題定義することを意味します。たとえば、「わたしたちは、どうすれば子どもが喜ぶ家族の移住を支援することができるか」というようなものです。

アイデアを考える前に、このような問いをつくることにはさまざまなメリットがあります。先ほどの移住を例にすると、

「わたしたちは、どうすれば子育て世代の移住者を増やすことができるだろうか」

「わたしたちは、どうすれば子育て世代の移住検討者に地域へ足を運んでもらえるだろうか」

「わたしたちは、どうすれば移住を検討している子育て世代に見てもらえるウェブサイトを作成できるだろうかか」

など、さまざまな問いを立てることができます。

気づかれたかと思いますが、後半になるにつれて問いの幅は狭まっています。問いの幅が広いほど、さまざまな視点のアイデアは出ますが、具体性は低くなります。一方、問いを狭くすると、同じ時間を使ってもより具体的なアイデアが出ます。ただし、先ほどの例で言え

ば、「本当にウェブサイトを作成することがよいのか」という部分は十分な検討が必要です。このように、意識的に問いをつくることで、考えるアイデアの幅を調整することができます。

プロジェクトの段階や制約条件によって、適切な問いの広さは異なります。**質問のかたちや表現を変えることで、出てくるアイデアが変化する**ということが重要です。意識的にさまざまな広さの問いをつくり、議論をしながら選んでいくという進め方が大切でしょう。最初から「適切」な問いを設定することは非常に難しいため、良さそうな問いをひとまず選び、プロセスを進めるなかで調整していくことを想定しておくとよいでしょう。

また、「どうすればできるか」という**前向きな問いかけのかたち**になっている点もHMWクエスチョンの特徴です。何か新しいことを考えたり、アイデアを発散させていく時にはポジティブな言葉を使うことが推奨されており、これもそれにならったものと言えるでしょう。

## 洞察や発見、アイデアの種を整理する

課題設定やアイデア創出などでは、さまざまなタイミングで情報を整理することが必要になってきます。しっかりと調査や議論をすると、そこで出てきた洞察や発見、アイデアの種などの情報量は膨大になります。それらを整理する際によく使われる方法として「親和図法」

をご紹介します。

## 道具8　親和図法：多様な視点を統合する

付箋紙にペンで書き出して、グループ分けをして……、という作業は実際にやったことがあるという方も多いのではないでしょうか。

「親和図法」とは、今持っている情報に類似点や共通点を見つけてグループ化し、新たな発見を導いたり情報を整理しやすくする手法です。実施する際には、情報を動かしながら整理しやすくするため付箋紙がよく使われます。

グループ化をするということは情報を統合するということですが、これをどのように行うかという手順が大切です（図31）。ポイントとしては、**まず最初に直感的に似ている・組み合**

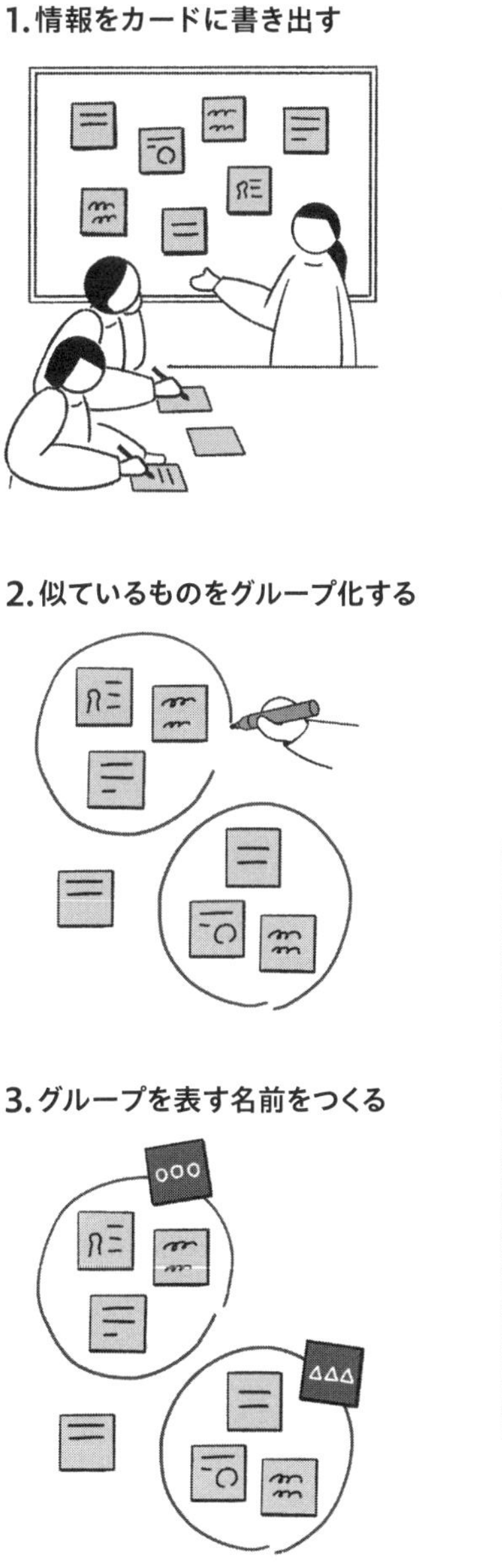
1.情報をカードに書き出す
2.似ているものをグループ化する
3.グループを表す名前をつくる

図31 親和図法におけるグループ化の手順

**わせられそうと思うものを集め、後からそのグループに名前をつける**ということです。この順番が逆になってしまうと、すでに自分たちが知っているカテゴリに単に分類した・当てはめただけになってしまいます。新しい発見や解釈をするために行うので、情報の取捨選択には主観が入ってきます。また、1つの情報が複数のグループに属することもあります。

前述の「状況を理解する」で、事実・発見・アイデアを分けて記録するという話をしましたが、それは親和図をつくる作業をするときにも効果が発揮されます。

事実や発見をどうまとめるかによって、新たに生み出されるグループや概念は異なってきます。そのような作業をしているなかでも、何が事実で、何が自分たちで発見・解釈したものかを分けておくことで、他の人への説明や作業の振り返りがしやすくなります。

## アイデアを伝える

課題定義からアイデア創出など、さまざまな検討を通して生み出されたアイデアたちを、選別やブラッシュアップのために他の人に伝える、という機会も多くあります。

最後に、アイデアを伝える方法としてストーリーテリングについてご紹介したいと思います。

## 道具9 ストーリーテリング：物語で伝える

ストーリーテリングとは、アイデアを物語に乗せて話すということです。先に作成したペルソナなどアイデアの対象者が主人公となり、提案するアイデアがどのように課題を解決するか、価値を発揮するかという一連の流れが描かれます。

その方法には、紙芝居のように絵で表現することや、短い小説のようなテキストで行われることもあります。また、ロールプレイのように寸劇的に行われることもあります。

大切なことは、単に面白い話をするのではなく、そのアイデアがあることによって対象者の何がどう変わるのかというビフォー・アフターや、対象者の気持ちの変化、アイデアの価値が発揮される瞬間をしっかりと描くということです。型の例としては、「9コマシナリオ」と言われる、対象者やその悩み、体験の一連の流れ、結果的に達成された価値を、9コママンガのようにまとめる方法があります。1コマずつ記載する内容がある程度決まっているので使いやすいと思います（図32）。

ここまで、「政策デザインの9つ道具」を紹介してきました。何だか使えそうだなと思われたものもあったのではないでしょうか。

デザインでは、まずやってみるということが大事です。今の業務で使えそうなものから一度試してみることから始めてみましょう。

第2章の終わりで、「政策デザイナー」という、新たな肩書についてご紹介しました（P.145）。しかし、そのような言葉を使わずとも、政策をつくり実施するという行為には多くの行政職員が関わっています。本章では、デザインの実践方法を検討する判断ポイントや基本的なデザイン手法を解説してきましたが、それらが活用できる機会は思ったよりも多くあるはずです。

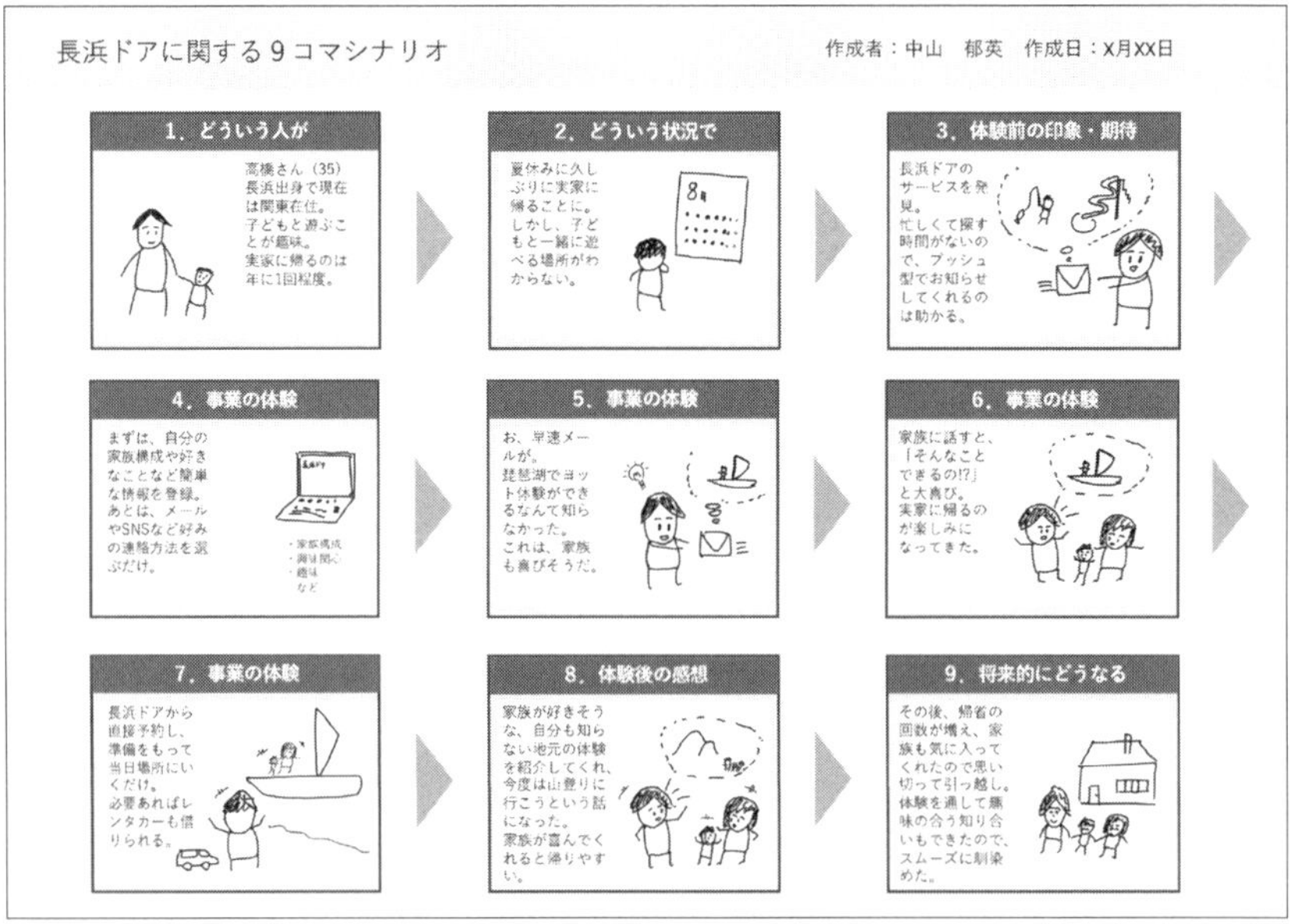


図34 9コマシナリオの作成例

# 第4章

# 現実に向き合い、前進しよう：

## デザインを行政で実践する困難と「遡上モデル」

ここまで、行政組織、特に市民との距離が近い自治体で、
デザインを実践するための方法や仕組みなどについてお話してきました。

ここまで読んで、デザイン面白そう、やってみたい！と思っていただけたなら
著者としては嬉しいかぎりです。

しかし、少し実践しようとしたことがある方ならおわかりの通り、
現実には難しさも多くあります。
まず、行政組織でデザインを実践しようとする際に、
行政職員からよくある質問や外部のデザイン専門家などから
よく聞く話をきっかけに、
それらを乗り越えていく方法を考えてみたいと思います。

4-1

## 行政職員からよく耳にする質問

まずは、行政という組織の中で働く職員さんからよくある質問と、それに対する筆者なりの返答をお話ししたいと思います。状況は千差万別で、必ずしも明快な答えになっているわけではありませんが、自分だったらどう答えるか一緒に考えながら読んでみてください。

### Q 「デザイン」という言葉が理解されません

ここまで読んでいただいた方はすでに感じておられるのではないかと思いますが、本書に書かれている事柄は、「デザイン」という言葉を使わずともすでに各現場で行われていることが多くあると思います。

デザイン思考を世に広めたコンサルティング会社IDEOの元CEOであるティム・ブラウンは、著書の中でトヨタ自動車の生産現場についてこのように述べています[1]。

観察？　プロトタイプ製作？　実験？　これにブレインストーミング・セッションか何かを付け加えれば、デザイン思考がスタジオから飛び出し、役員室や工場のフロアへと広まった企業文化を正確にあらわすことができるだろう。

筆者は過去にトヨタ自動車で働いていた経験がありますが、職場で「デザイン思考」という言葉は聞いたことがありませんでした。ここでブラウンが述べているようなことは、「カイゼン」といった言葉で表され、トヨタの組織文化ともなっているものです。つまり、デザイン思考という言葉を使わずとも、その要素が違う言葉で表現され、業務の進め方に取り入れられていたということです。このようなことは、きっと本書をお読みの皆さんの職場でもあるはずです。

行政の計画や行動指針などの中でも、「市民視点」「対話」「協働」「共感」といった言葉が使われています。それが実際にどの程度行われているかはさまざまですが、これらはデザインの考え方にも共通するものです。**すでに組織の中にある考え方に引きつけて話す**ことで、デザインとは何かということも理解してもらいやすくなるはずです。

デザインを実践する際によく使われる言葉もたとえば、以下のように言い換えることができます。

・人間中心デザイン→市民視点で検討する

・インタビューや行動観察などのユーザー調査→市民自身も気づいていない本音を調査する
・共感やペルソナ→市民の気持ちになって判断する
・コ・デザイン→市民と一緒に考える
・ステークホルダーマップの作成→関わる人や物事の関係性を可視化する

あえて「デザイン」という言葉を使わずに、現在の職場で伝わりやすい言葉選びをするだけでも受け取られ方は大きく違うように思います。言葉を選ぶことは、何を大切にしたいと考えているかを意識することでもあります。知っている言葉にうまく翻訳できない場合は、もしかするとツールを使うこと自体に目がいってしまっており、何を達成したいのかという目標が明確になっていないのかもしれません。

## Q やったほうがよいとわかっていても調査やプロトタイピングに時間とコストがかけられません

「デザイン思考について書かれた通りやろうとすると時間がかかりすぎる」「忙しくてやってられない」、これもよく耳にするコメントです。

行政職員の方は真面目な方が多い印象があります。本などで書かれている通りやらないといけないという思いから、一歩が踏み出せないという方もいらっしゃるのではないでしょうか。これについては、**どんな小さなことからでもできることからまずやってみるという姿勢**が大切です。

いきなり市民の方でなくても、家族や友人、職場で近しい属性の方に話を聞いてみる。今わかっていることを図で示してみる。解くべき課題を問いのかたちでつくりなおす。事業を物語で表現してみる。等々、通常よりも少し手間はかかるかもしれませんが、できることは多くあるはずです。

以前、行政職員の方が「基本的に職場で相談するときは、自分が考え抜いたものを上司にお伺いするだけで、自由にアイデアを発散させる場がない」という話をされていて驚いたことがあります。デザインプロセスの発散と収束の図を思い出して、事業のアイデアについて議論を自由に発散させる場を1時間でも設けるといったことも考えられるでしょう。

少し視点の大きな話をすれば、政策や事業を検討する段階でしっかり力を入れることで、その政策全体の効果や効率が向上するということにもつながります。

その「やってみる」というハードルを少しでも下げるひとつの方法として、本書ではテンプレートを用意しています。それらを使わずとも、手描きでも構いません。まずは一歩の努力でできるところから始めることが大事です。

# Q インタビューなど定性的な情報に価値を置いてもらえません

一人ひとりの個人に寄り添ったインタビューや現場の観察から洞察を得ることの有用性は感じるものの、「行政はすべての人のために存在する」といった公平性や平等性とのバランスの難しさを感じるという話もよく聞くものです。

周りの人から、「確かにわかるけど、それだけで判断は難しい」「税金を使っているのだから、対象を特定の人に絞り込むことはできない」などと言われたことがある方もいるかもしれません。

一方、エビデンスに基づく政策立案（EBPM）の考え方の広がりによって、定量的な数値データに基づく話はしやすい状況があるように思います。

そこで考えてみていただきたいのは、数値データを解釈・意味づけることはどのようにされているか、ということです。

数字それだけでは価値を持ちません。そこから**どのような洞察を導き出せるのか**が重要です。たとえば、市民アンケート調査などで、自由記述の項目から数字だけではわからないような気づきがあった、という経験がある方もいらっしゃるのではないでしょうか。ハンス・ロスリングが著書『ファクトフルネス』で述べるように[2]、基準に満たない低い数字があったとしても、現状を単に「悪い」と考えるか、「悪いが、良くはなっている」と解釈するのかでは、次に打つ手や周りからの評価は大きく変わってきます。

数値データは客観的に見えますが、実は主観的な部分も多いと言えるのではないでしょうか。その主観的な部分を考える際に、定性的な調査や分析が効果を発揮できる可能性があります。**定性データと定量データの両方で物事を見る**ということが重要です。その意味では、デザイン手法の活用はEBPMと両輪と言ってもよいかもしれません。

一方、デザイン主導型でプロジェクトを進める際にも、**できるかぎり数字などでも裏付ける**ということは意識をしておく必要があります。

## Q デザインを実践したいのに仲間が増えません

職場に仲間がいればいいのに、という話もよく伺います。さまざまな壁打ちやアイデア出しなど、近くに仲間がいることで、できることの幅は広がります。

個人的には、「デザイン」という言葉のイメージが活動をするハードルを高くしている面もあるのではないかと感じます。デザインと名乗るからには、格好良くシュッとしていなければいけない、そんな印象からとっつきづらさを感じる人もいるのではないでしょうか。

また、ツールや方法論が数多くあることで何から始めたらよいか迷ってしまう、また、実際に何かやってみたことがあっても期待したような成果が出なかった経験がある、といったこともあるかもしれません。

デザインについてあまり知らない人に話をするときには、デザインを実践する**「目的」に重点を置いて**語ってみてはいかがでしょうか。そのためには、自分が「デザイン」の何に魅力を感じているのか言語化してみることが必要です。

チラシの見た目を整えるなど、視覚的な要素で内容の伝わり方を向上させる方法として。さまざまな立場の人と一緒に内容を考えるときの具体的な方法として。今までにない新しい解決策や前例踏襲でないイノベーションを起こす方法として。等々、一口にデザインの実践と言ってもその目的には広い幅があります。デザインという言葉にはピンとこなくても、そのような目的には共感してくれる人がきっといるはずです。

過去にやってみたけど成果が出なかった、というのは少々厄介です。というのも、その当時のことを知らなければ、どのような失敗をしたのかを理解するのが難しいからです。「目的と手法の適切なマッチングができていなかった」「ツールの使い方が間違っていた」「プロジェクトの管理をうまくできなかった」など、原因によってその改善方法も変わってきます。また、仮説が間違っていたということがあっても、それが間違いであるということがわかったという意味でプロジェクトは前進しています。しかし、それを失敗と捉えてしまうことはあるでしょう。

「デザインは反復的な取り組みなのだから、失敗してもまたやりましょう！」というのはその通りですが、相手には届かないかもしれません。そういった場合には、まず「デザイン」という言葉を使わずとも、**自分ができるところで小さく成果を出す**ということがまずできることではないでしょうか。手続きが楽になった、ミスが減ったなど、目に見える成果を早く出すことで、興味を持ってもらえる可能性は高まるでしょう。

## Q 外部のデザインパートナーが見つかりません

「実際にデザインを実践する際に、伴走してくれるデザイン専門家が地域にいない」「いつも同じ人にお願いすることになってしまう」、そのような声もよく聞きます。

専門的にデザインを仕事とする人材は都市部に偏っているのが現状であり、都市圏以外に立地する自治体の方がパートナーを探すハードルは相対的に高くなると言えます。

また、地域にパートナーとなるような企業や個人がいたとしても、行政という公共性や公平性が重視される組織であるため、手続きに問題がなかったとしても同じ企業や個人にお願いし続けること自体が問題とされる場合もあります。これは民間企業において一定期間同じ専門家に継続してお願いし続けることで、デザインの一貫性を保っていくのとは異なる考え方です。

加えて、企業と異なり売上などのわかりやすい成果指標がないため、「よいデザイン」とは何か、またデザインを活用することによる付加価値がどれだけ生まれているのかを客観的に説明するのが難しいという課題もあります。

さらに付け加えれば、パートナーを募集するためには基本的に公募型プロポーザルなどを行わねばならず、デザイン専門家や企業はそれに対応するための労力を強いられ、業務効率が悪くなるということもあります。公共的な取り組みに興味関心をもつデザイン専門家は増えているものの、このような行政の仕組みが関わりを遠ざけてしまっている面もあるでしょう。

このような課題があるのは日本だけではありません。フィンランドの公共機関におけるサービスデザインの調達に関する調査においても、先に述べたようなことと同じような課題が挙げられています[3]。

行政という組織の特性上、このような課題を完全に乗り越えるのは難しさがありますが、工夫をしていくことはできます。

たとえば、デザイン実践で蓄積のあるヘルシンキ市の経験からは2つの方策が考えられます。1点目は、デザインの質を判断できる専門家を**専門職やアドバイザーとして内部登用すること**。2点目は、デザインのプロセスでは課題と解決策が共進化していくことを前提に、**余白を残した調達ができるような枠組みをつくる**ことです。

ヘルシンキ市では、「ヘルシンキラボ（Helsinki Lab）というデザイン専門家のチームが組織内部に設置され、仕様書や条件の検討など各部署のデザイン発注業務を支援しています。また、デザイン業務の調達においても、「フレームワーク合意」というかたちで事前に企業の実績を評価し契約者リストを作成することで、少額であれば随意契約がしやすくなったり、リスト掲載企業のみに向けた限定公開入札が行えるようになっています。

自治体のかたちが千差万別であるように、デザイン専門家と自治体の関わり方や制度もその地域にあったかたちを考えていかねばなりません。経済産業省では、『デザインがわかる、地域がかわる　インタウンデザイナー活用ガイド』というレポートを2023年に発行しており、デザイン専門家が自治体と協働するさまざまな事例を見ることができます[4]。まずは、多様な関係性があるということを知ることから始めるのも一案でしょう。

4-2

# 外部のデザイン専門家からよく耳にする話

前節では、行政職員の方からよくある質問をきっかけに話をしてきました。本書は行政職員自らによるデザインの実践を主なテーマとしていますが、プロジェクトの内容に合わせて外部のデザイン専門家と協働することも多くあるはずです。

この節では、外部から行政や公共的課題に関わってきたデザインの専門家からよく聞く話をご紹介します。このような話は直接しづらい部分もあるものです。ことの大小や時と場合によるということはもちろんありますが、参考になるところはあるはずです。

## Q 行政や公共の仕事をしたいが、どう探したらよいかわからない

デザインに関連した行政の仕事は、プロポーザル方式などのかたちで公募されることが多くあります。そのような公募が行われていることを知らない、また興味があったもののすでに公募が終わっていたという話を聞きます。新年度が始まり準備が行われ、プロポーザル情

報が多く公開される時期というものがありますが、普段から行政の仕事をしていないとわかりづらいものです。応募が増えれば、それだけ質の高い提案を受け取ることができる可能性が高まります。先の「**Q 外部のデザインパートナーが見つかりません**」という質問への返答でも少しお話ししましたが、**調達の方法を工夫する**ということが大事になるでしょう。

また、視点は変わりますが、これから公共的な仕事に挑戦してみたいと思っているデザイン専門家の方には、まず自分で何かやってみるということをおすすめしたいと思います。何か制作物をつくるでも、催し物をするでも、自分が興味関心があり、時間を割いてもよいと思える分野で行動し発信することで、何か関連した仕事があるときに情報を共有してもらえる可能性が高まります。2-4でお話したように、自身のプロジェクト、つまり**デザインイニシアチブを自ら行う**ことが大切と言えるのではないでしょうか。

## Q 仕様書で書かれている内容が目的からずれているように感じる

プロポーザル方式の場合であっても、行政側が作成した業務仕様書の内容に基づいてデザイン専門家は提案書を作成することになります。そのため、提案をする側は仕様書を読み込み、内容を検討します。しかし、目的を達成するために本当に仕様書に書かれている内容でよいのか、他のやり方の方がよいのではないか、といった疑問が湧くことがあります。

仕様書の作成には、その分野の専門性が求められ、行政職員の力の発揮のしどころと言えます。しかし異動した直後など、担当者の専門知識が十分ではない場合、過去の類似業務の仕様書や他自治体などの事例、よく耳にする流行語などを参照した仕様書が作成されることもあります。そのようなこともあり、状況や目的とのズレを感じられることもあるでしょう。

外部から関わるデザイン専門家側からは、詳細な仕様よりも、プロジェクトの背景や現状、関係する物事についてもっと詳しく説明してほしいというニーズがあるようです。107ページの事例でお話した「東京都サービスキャンバス」といったわかりやすいかたちで状況を整理しておくとよいでしょう。

行政側も、より良いアイデアを求めてプロポーザル形式を採用しているはずです。仕様書でも「定めのない部分は双方で協議し決定していく」という文言が記載されている場合が多くあります。提案をする専門家側としては、仕様書の内容を踏まえつつ、追加提案のしようがあります。予算との兼ね合いはありますが、業務内容の重点を検討しつつ、より良い提案を考えていく必要があります。大事なことは、行政側の担当課や職員と**同じ目線に立ち**、どうすればその課題解決に近づくことができるか、**専門家としての最適な方法を提案する**ことです。

## Q 面白いアイデアだと思ったものが受け入れられない

デザインの考え方の特徴として、直感的な仮説推論（アブダクション）があることを第1章で述べました（P.49）。この仮説推論や主観性を伴った創造的飛躍によるアイデアが受け入れられないことがあるという話もよく聞きます。行政職員としても、直感的に面白いと感じるアイデアを実行したい気持ちはありますが、さまざまな状況がそれを難しくしています。

まず、税金を使うという性質上、上司だけでなく、議会、市民、関係団体など、民間企業でプロジェクトを実施するよりも多くの関係者に説明をする必要があります。そして**それぞれの主体で、判断する際に大切にするポイントが異なります**。そのため、なぜそのアイデアがよいと言えるのか、さまざまな視点から理由を準備しなくてはなりません。また、アイデアのプロトタイピングをするためにも準備が必要なため、アイデアを素早く試しづらいことも、直感的なアイデアを採用する難しさにつながっていると言えます。

発想した多くのアイデアから有望なものを選び取っていく際に、まず「アイデアの選定基準を設定する」ということが多く行われます。その際に**多様なステークホルダーの視点をあらかじめ盛り込んでおく**ということは、アイデアの実現性を高めるためにできることのひとつでしょう。また、直感的に面白いと感じるアイデアを進める際にも、それをサポートする数値データや調査結果、他事業との関係性整理など、客観的な情報による補強をしておく必要があります。

## Q プロジェクトの進め方に時間がかかる

事業を進める際に時間がかかるという感想もよく聞く話です。

これは行政の意思決定と予算編成プロセスに対する理解に関係するものが多いように感じます。行政では、特に予算が必要な事業については、基本的に年に1回の予算編成プロセスを経て決定されるため、年度単位という時間軸の考え方が強くあります。一方、民間企業、特に新興企業であれば、半期や四半期、さらに短い期間での目標設定を行うということもあり、ギャップが感じられるところでしょう。

予算編成は行政にとって大きな仕事であり、その過程を通して、議会や内部での意思決定を行っています。先の話にも通じるところですが、**説明し理解を得る対象が多い**ために、慎重な進め方が必要となります。

行政の仕組み自体を大きく変えることはそう簡単にできることではありません。一緒にステークホルダーマップのようなかたちで説明が必要な関係者が**どれほどの範囲に広がるか確認する**こと、また議会や上司への説明など**重要な節目の時期を事前に確認しておく**と、事業に関わるメンバーの足並みが揃いやすくなるでしょう。

# Q 担当者が異動になり、仕事がやりづらくなった

行政組織の特徴として、自治体であれば数年という周期で職員が部署を異動するということがあります。このような異動の結果、担当者が替わったことにより事業が進めづらくなったという話もよく聞きます。事業の成否が人による部分があるのは民間企業も同様ですが、行政組織の方がその頻度が高く、またまったく経験のない部門に異動する可能性もあるということで、影響が大きいと言えるでしょう。

行政組織がデザインを実践するうえでは、組織の内部と外部をつなぎ、双方の立場を翻訳できるような「**バウンダリースパナー**」の重要性が述べられており[5]、そのような役割をできる人がいなくなってしまうのはプロジェクトにとって大きな痛手です。

一方、デザインの能力を伸ばすためには実際にプロジェクトを実施することが有効であり、新たな担当者となって仕事をすることはまたとない良い機会です。外部から関わる専門家にとっても、（苦労はあれど）長い目線でみればともに育っていくひとつの方法とも言えます。そのためにも、調査やその分析などをできるかぎり一緒に行い、デザインに対する理解度を高めていくことが大事です。担当になった行政職員の方には、これからますます必要になるスキルを得る機会として、外部から関わる専門家の方にとっては、公共的課題に関するプロジェクトを実施する際に必要となる教育者やファシリテーターとしての能力を伸ばす機会として、実践されていくことが期待されます。

また、事業の直接の担当者ではなく、その上司である管理職層が異動してしまうということも、プロジェクトにとって大きな影響を与えます。プロジェクトがうまく継続していくためには、事業に関わり応援してくれる**仲間を行政内だけでなく地域内外に増やしておく**ことが重要でしょう。多くの人から共感を得られている事業であるということは、実施の正当性を確保する一助となります。そのため、事業の成果物の質を高めることはもちろん、その広報活動も大切となります。

4-3

# 先駆者もみんな悩んでいる

## 実験的な取り組みが残したもの

1-5の実践事例（P.65）などでお話したような活動も、すべてが順風満帆にうまくいったのかというと決してそうではありません。ポリシー・ラボ・シガの取り組みをリードしてきた職員は、非公式で活動してきた取り組みを組織の中で公式化していく難しさについて、振り返りのなかで次のように語っています[6]。

2018年11月に行われた知事への提言後、提言メンバーはさまざまな部署へ話をもちかけに行った。その結果、平成31年度（令和元年度）から「職員研修」や「調査事業」といった2つの話が具体的に庁内で進んだ。（中略）

しかし、知事との座談会の内容を文脈的に紐づけてこれらの事業がつくられたわけではなく、組織的ではない、あくまで個人的な人間関係によって承知された話だった。当初、両事業の担当者や上長らとは、年度明けてからPolicy Lab. Shigaの提言メンバーらと一緒にこれらの話を進めていく旨、確認をしあっていたのだけど、年度明けた2019年4月、突如両事業の担当者や上長が全員異動したことによって暗転、調整が難しくなった。

さらに所属の業務時間管理・残業時間抑制も厳しくなっていったことで、提言メンバー側も事務分掌に書かれていない仕事に関わりにくくなり、気がつけば一部を除き提言に関わったメンバーの殆どが、これらの職員研修や調査事業の話に主体的にタッチできなくなっていた。新任担当者側も提言の趣旨に意識を向ける余裕がなかったようで、提案者と担当者との間のコミュニケーションに溝が生じるようになった。

---

この取り組みでは、職員研修としてデザイン思考が一時期取り入れられたり、89ページの事例で紹介したように若手職員によりポストコロナの社会像をペルソナ作成を通して描くプロジェクトが行われるなど、その後の活動につながった部分がないわけではありません。しかし、思い描いていたようなかたちで公式に組織として推進していくまでには至りませんでした。

活動の終盤にラボ参加者にインタビューをさせていただいたことがあります。そこでは、「インタビューを通して自分の知らなかった世界の話を聞く大切さ」や「対象とする人に、検討していたアイデアを共感されなかった体験」など、インタビューした全員から「県民視点を持つことの大切さ」に関するコメントがあり、「人への共感部分」に重点を置くというプロジェクトの設計思想は伝わっていたのだと感じました。

また、インタビューで特に印象的だったのは、今回の取り組みで初めてデザイン思考に触れた職員の方に「デザイン思考の研修が県にも導入されるらしいですね！」と話しかけた時に、「でも、1日の研修ではわからないですよね」という反応があったことです。実践的な活動の積み重ねから考え方を身につけてきたからこそのコメントに、ポリシー・ラボ・シガという活動があったことの意義は、（非公式であったとしても）残り続けるのだろうと感じました。

## 海外でも試行錯誤が続く

また、海外でも行政組織にデザインを取り入れる取り組みの難しさについて多く言及されています。

国や自治体という実施主体を問わず、行政組織におけるデザイン実践に関する組織や取り組みの多くが期限付きであり、活動期間が数年という比較的短期の取り組みが多く見られます。筆者がフィンランドで行った調査でも、期限付きでの活動であるため立ち上げが比較的容易である一方、行政組織内にデザインを根付かせるためには期間が短すぎるという声が多くありました。組織的な活動は政治的判断によって左右される部分も多く、海外でも試行錯誤が続いていると言えるでしょう。

世界中から先駆的な取り組みと認識されてきたデンマークのマインドラボ（P.69）においても、組織の正当性について最も問われてきたのは、外からではなく省庁内部からであったと言われています[7]。そのような批判があった際には、他国政府からの高い注目があったことが組織を維持するうえで助けになったようです。

自治体がデザイン手法を活用し、社会課題解決のための政策を立案し実行することは、「自治体によるソーシャルイノベーションのためのデザイン実践」と捉えることができます[8]。ソーシャルイノベーションの実践・研究において主導的な役割を果たしてきたジェフ・マルガンは、2014年に公開されたレポートの中で、ソーシャルイノベーションを推進する際にデザイン手法が多く活用されてきたことに言及しつつも、①コストが高いことや予算ありきのプロジェクトベースで長期的な関わりが難しいこと、②実際にアイデアを実施する際に経済性や組織文化に対する配慮が不足していること、③プロジェクトに関わるデザイナーが他分野から学ばないこと、などを批判しています[9]。また、今後この分野が発展していくためには、①デザインチームとして組織的、経済的、政治的、社会的背景など幅広い視点で物事を見る必要があり、さまざまな分野を横断する学際的知識を持つプロジェクトマネージャーが必要であること、②デザイナー側も経済、政策、社会など他の分野の知識を学びそれら組み合わせていく必要性があること、③よりよい手法の開発やその体系的な評価にプロジェクトマネジメント手法が適応されていく必要性の3点を指摘しています。

行政におけるデザインの実践が進んできたからこそ、批判的検討からさらなる進展につながるという部分もあると言えるでしょう。

4-4

# 困難を乗り越えるためのポイント

では、そのうえで行政組織でデザインを実践することに伴う困難を乗り越えようとする際には、どのような点に気をつければよいのでしょうか。ここでは、行政職員の方にお話を伺ったなかから共通して挙げられたポイントを、**人、組織、進め方**の3つの観点からお話ししたいと思います。

行政のかたちは千差万別です。必ずしもすべて当てはまるわけではないかと思いますが、何か参考になりそうな事柄はないかという視点を持ってお読みいただければと思います。

## 人に関すること

デザイン実践を組織を設けて推進するにせよ、仕組みとして推進するにせよ、それを**「誰がやるのか」という人材の観点**は大きな課題です。適正のある職員、具体的には1-3で挙げたようなデザイン態度を発揮できそうな人を、プロジェクト実施期間のあいだ通常の部署異動のように固定で配置するということや、兼務として週のうち数日業務として従事できるようにすることも想定できます。また、従事する職員にとっても、そこでの経験がキャリアアップにつながるという実感があることが望ましいでしょう。

一方、協働する市民側の人材をいかに募集し採用するかという部分にはより難しさがあります。なぜその人が適任だと言えるのか、また、誰がその採用を決定するかということを明確にしなければなりません。この点は、プロジェクト全体を統括するディレクター職を設けることで、活動の継続性や評価の一貫性をある程度確保するなど工夫が必要でしょう。その場合、ディレクターを誰が務めるかによって全体の方向性が定まるため、その任用は重要です。ラボのようなかたちで組織的に活動を行う場合は、ディレクター職の任免について議会等の場で説明をしっかり行うなど、**オープンで公正な手続き**を経ることで、「誰がやるのか」という人の正当性を確保することが可能になると考えられます。

言うまでもなく、行政職員の方々は責任を持って政策を立案し実行する者としての立場があります。事業担当者としてのプライドもあれば、管理職レベルでは個別事業だけではなくチーム全体の業務量などを管理し、組織運営が円滑に進むようにしなければなりません。そのように各部各課で縦割りになっており、それぞれの行動原理がある組織構造もあり、組織の外部から渡されたアイデアは、その内容の良し悪しにかかわらず簡単に実行されることはありません。そのため、事業の担当者やその上長が**どれだけ納得してプロセスを進めることができるか**が重要となります。この点においては、業務委託などのかたちで計画策定や事業実施を行うなかでも、デザイン専門家がプロセスの設計やリードをしつつも、行政職員と共に歩みを進める**伴走者的姿勢**を持ちつつ業務にあたるということが重要でしょう。

また、行政担当者が異動直後の場合、そもそも担当する事業について自分事としての当事者意識が育まれていない場合も考えられます。その政策や事業の受け手である市民へのインタビューなど調査を通して受け手に共感することで、現状への理解を深めた事業立案を行うことができるのではないでしょうか。

毎年の予算要求のための事業案づくりは行政職員が行うのが基本です。しかし、事業立案に割ける期間の短さや、人事異動によってまったく異なる分野に異動するといったことがあり、現状の深い理解に基づいた効果的な政策立案を行うことについて課題があることも現実です。また、具体的な事業の構築を担当する行政職員個人の能力や興味関心に頼る部分も大きく、人事異動によって事業の継続が難しくなる場合もあります。

異動によって初めての政策分野を担当することになると、その分野の知識を勉強しなければならないだけでなく、地域内外の人間関係もゼロからつくらなければなりません。働き方改革や多忙な業務のなか、外に出かけることが躊躇される部分もあると聞きます。そのような状況でも、**プロジェクトを通して人のつながりを繋いでいく**という視点も重要となるでしょう。

## 組織に関すること

筆者がこれまで行政職員の方と意見交換してきたなかでは、ラボのような組織を設けることではなく、**「仕組み」として提案をするほうが行政組織には受け入れられやすいのではないか**というコメントが複数ありました。組織として政策立案全般のサポートをするのではなく、特定のテーマに絞ったプロジェクトチームとして計画策定から初期の事業づくりまでの2〜3年間期限付きで活動するようなイメージです。このやり方は、期限付きのチームであることで、組織をつくったがゆえに発生しうる業務内容以外の課題（組織維持にかかる予算確保や権限の集中、組織のマンネリなど）を防ぐことができる可能性があります。

また、組織をつくったとしても、組織があるだけでは職員から相談されることはまずないだろうというコメントもありました。**チームを組成するタイミングでチームの明確なミッションを定義する**ことで、仕組みとして有効活用される可能性が高まると考えられます。

期限付きで行うことで活動の軽やかさは増すものの、その一方で活動の継続性をどう確保するかということが課題となります。行政職員と市民が協働する枠組みとして、組織ではなく仕組みとして取り入れるのであれば、**その仕組みが少なくともプロジェクト期間内は継続されるようなマネジメント方法**も合わせて検討されるべきでしょう。

行政組織の中に組織として位置づける場合には、その権限と責任をどう設定するかという点が検討事項として挙がります。民間のシンクタンクやコンサルティング会社はあくまで民間企業であり、行政としての権限や責任を共有することはできません。各専門分野の中間支援組織として、たとえば社会福祉では「社会福祉協議会」、産業関係では「商工会議所」などが存在しますが、これらは法律で位置づけられた組織としての正当性があります。計画策定などのために設置される審議会なども、地方自治法によって規定されている部分があります。デザイン実践を主導する組織を検討する際に、何を土台としてどのような権限をもたせるのかは、自治体の状況に合わせた検討が必要な部分となるでしょう。

一案として、政策分野ごとの委員会のように、自治体の条例や要綱などで規定するという方法が考えられます。地方自治の基本的な在り方を定めて市民と行政の役割を示す「自治基本条例」や、多様な主体の参画や多様な主体の協働によるまちづくりについて定めた「協働のまちづくり推進条例」などが例として挙げられます。制度の検証段階では各種計画などに位置づけることから始められると思いますが、条例などに位置づけられることによって、計画期間だけで終わらない中長期的に継続的な仕組みとして考えることができるようになるかもしれません。

行政組織の中に組織を位置づける場合には、**組織の独立性**という部分は課題となるでしょう。ある行政職員の方は、「独立性を持ちながら時に現在のやり方と対立するような鋭い政策提言を行うためには、行政組織内部に位置づけないほうがよい」とはっきり言われていました。行政内部に組織が位置づけられることで、人事や予算などを通して多かれ少なかれ首長や行政幹部の影響を受けることになるため、市長や議会など行政運営における政治との関係性を整理する必要があります。また、組織図としては行政組織内部に位置づけつつも、活動場所を市民が立ち寄りやすい庁舎外に持つなど、市民とのつながりが希薄にならないように工夫が必要です。

## 進め方に関すること

現場の行政職員の方々と話をするなかでは、新しい政策や事業をつくることと同等かそれ以上に、**既存の事業をいかに見直していくか**ということが重要であると認識されているようでした。

地方自治体の特徴として、多くの自治体では人口減少などに伴い「自由に使える予算が減り続けていく」ことがあります。これは、デザインへの資源投入をビジネス拡大のための投資として捉えることができる民間企業とは大きく異なる部分でしょう。事業のアイデア出しをしたものの、実施する際の予算的な制約が課題としてついてまわることは多くあります。

予算編成過程は自治体によりさまざまです。事業を一つひとつ検討するのではなく、既存事業をベースにあらかじめ部局ごとに予算を割り振る枠予算方式をとっているところも多くあります。しかしながら、その枠予算の金額も毎年一定の割合で削減されていってしまいます。そのため、新たな事業を実施したり、新たにつくった事業を継続させていくためには、現在の事業を効率化もしくは削減し続ける必要があるのです。

本書でお話してきたデザインを用いた政策立案と実施に関するプロセスは、全体像を説明したものです。事業の改善や廃止といった見直しを行うために、**事業の実施や評価の部分からまずプロジェクトをスタートさせ、そこから新たな事業案づくりに立ち返る**という進め方は提案しやすいと言えるでしょう。

また、行政職員の方との話のなかでは、計画を策定する部分については、審議会などのかたちですでに一定の市民参加が行われているというコメントもありました。しかし、計画の策定と実施の部分で異動により担当者が異なる場合があるなど、その一貫性の部分についてには弱点があるという課題も挙げられました。その点では、政策担当課による検討を支援する**複線的な仕組み**があることで、計画策定に係る思いや議論、調査結果を関係する事業案づくりまで一貫して反映できる可能性があります。

このように、計画づくりから事業づくり、また実施までを一貫して伴走するという部分は、既存の民間組織では実施しづらい部分と言えるでしょう。事業の企画をするだけのコンサルティング業務では予算を取れないというコメントもあり、外部から関わる専門家には、計画をつくる部分だけでなく実施の部分まで踏み込んだ活動がますます求められるようになるでしょう。

4-5
# 現実的な3つの要諦

筆者は研究を通して、さまざまな自治体職員の方からお話を聞いてきました。本章ではその話から共通して挙がったポイントや、人・組織・進め方の３つの観点からポイントとなる事柄についてここまでお話ししてきました。

この節では、実務面においてさまざまな制約がある行政という組織に、より意識的なかたちでデザインプロセスを導入していくためにまずできることを、以下の３つに的を絞ったかたちでお話ししたいと思います。

**❶政策づくりではなく、実施から始める**
**❷組織ではなく、仕組みから始める**
**❸行政職員がリードし、市民をデザインパートナーとして迎え入れる**

デザイン実践を始めるために大事なのは、個人のできることからの一歩であることに変わりはありません。本節での話は、それを組織的に進めていくための具体的な方策です。

## ❶ 政策づくりではなく、実施から始める

第2章「どのように行政がデザインを実践できるのか」でお話したプロセス（P.84）では、課題分野の設定から始め、課題解決の方向性である政策やその具体的な方法である事業をつくり、それを実際に実施し、評価していくという流れで一連の政策立案・実施の進め方の大枠を示しました。しかし、実際に行政職員の方に話を聞くと、現状を確認しテーマを絞り込む段階は重要であるものの、**それより先に既存事業の改善やスクラップも含めた効率化を行うことで、時間や財源を生み出す**ことの重要性が多く指摘されました。

そのような現実を踏まえ、デザインプロセスを導入していくためには、まず今すでに行われている事業を改善するところから始め、その評価を踏まえたうえで、その事業に関連したより広い政策を検討する際に、上流に遡るかたちから始めるというのが現実的ではないかと考えています。既存事業を行うこと自体が、その政策分野の課題を把握する状況確認の意味合いを持ちます。そのため、実施の間にもそもそもの政策づくりにフィードバックできる発見がないかアンテナを立てておく必要があります。

現実には、新しい事業を考えるよりも、今ある事業の費用対効果を向上させるようなプロジェクトの方が行政側からの明確なニーズがあります。また、すでに実施している事業があるということは、デザインプロジェクトを実施したことによる成果の測定もしやすいと考えられます。成果が出た場合、担当課の自由な予算裁量が増えたり、人事評価でプラスになる

など、担当課や担当者にも事業を改善するインセンティブがあるかたちでの実施形態が検討されるとよいでしょう。

このような進め方をすると、デザイン手法の特徴であり醍醐味でもある、**異なる課題や要素を統合しリフレーミングを行うということを、事業を超えた枠組みで行うことが難しくなってしまうことには注意が必要**です。しかし、そのような意識は持ちつつまずは個別の成果が見えやすい事業から実践を始め、その効果や評判を確認しながら徐々に枠組みを広げていくというのが現実的と言えるでしょう。海外の実践事例の研究でも、**プロジェクトを実施しながら組織内に経験を蓄積し信頼を得ていく**重要性が述べられています[10]。

## ❷組織ではなく、仕組みから始める

2-4で、行政においてデザインを実践していくために官民協働型のラボという組織を立ち上げる方法があることについてお話しましたが（P.128）、実際に自治体職員の方から話をうかがってみると、行政組織の外部にそのような組織をつくることに対しては、好意的なコメントよりも中立から否定的なコメントが多く聞かれました。予算や人事という現実的な問題や、組織があることによる運営的な難しさなどが主な理由です。

官民協働型で組織をつくる理由としては、行政と市民の両者が互いに責任を持ちながら議論し、デザインプロセスを推進していくためには、共同でリソースを出し合う必要があるのではないか、また計画から実行までを一貫して見守るためには、行政とは異なる組織が必要ではないか、ということがあります。しかし、組織をつくること自体のハードルの高さはもちろん、官民協働型の組織であったとしても内部の行政職員にとっては距離を感じる存在であること、特徴のある組織をつくると政治色が付いてしまう、というような難点があるようです。

そのことから、**常設の組織にこだわるのではなく、そこで達成したかった一つひとつの要素を仕組みとして行政組織に取り入れる可能性をまず探ってみる**ことを提案したいと思います。たとえば、行政職員がデザイン能力を高めていく研修や、後述するように市民をデザインのパートナーとして政策立案プロセスに位置づけること、官民協働による政策のデザインに関する専門家の登用、計画策定などに合わせ数年程度の期間限定プロジェクトとして始められるようにすること、などが考えられるでしょう。

## ❸ 行政職員がリードし、市民をデザインパートナーとして迎え入れる

行政と市民が協働した政策立案と実施におけるデザインプロセスを進めるためには、仕組みとしての整備に合わせて、「**行政職員自身がプロセスをリードするデザインの実践者であ**

**る**」とし、その役割を意識的に位置づけることができると思います。

その一方で、政策立案プロセスに関わる機会が非常に限られている市民がプロセスに参画できるよう、パートナーとしての役割を明確に位置づけることも同時に行いたいところです。ペルソナという仮想の人物ではなく、その地域で暮らす市民自身がプロセスに参画することは、行政と市民が直接対面する自治体だからこそできることと言えます。

行政組織には、これまでの長い歴史の中で培われてきた方法や慣習があります。特に人材流動性の低い日本の行政組織においてはなおさらと言えるでしょう。それを基にしつつ新たな手法を取り入れようとするためには、組織に所属する行政職員自身が学び、実践していくということがいっそう重要です。現状、一部の力を持つ市民を除き、市民は政策立案プロセスにほとんど関わることのない存在です。まずは、デザインプロセスにおける**行政職員と市民の役割を明確化し、市民がパートナーとしてプロセスに参画する道筋をつくる**ことが、真に官民が協働した政策デザインのプロセスを実現する第一歩となるのではないでしょうか。

## 「行政とデザイン」のエコシステムをつくるために

本節ではここまで、行政組織にデザインプロセスを導入するための具体的な方策をお話ししてきました。最後に、行政組織におけるデザイン実践を普及させていくうえで、筆者がひとつ参考になると考えているモデルを紹介します。それは、フィンランドのアアルト大学で実施されている、「デザイン・フォー・ガバメント（Design for Government：以下DfG）という授業と、その周囲に形成されたコミュニティです。アアルト大学はデザインの研究教育において世界ランキングでも上位に位置する大学です。

　DfGは、修士レベル学生向けの講義とワークショップからなる3ヶ月集中型の授業です。3ヶ月といえど、学生募集に際しては週3・5日程度の稼働日数が求められるなどなかなかハードなプログラムです。学生は4~5名程度のグループに分かれ、フィンランドの中央省庁から出された政策課題に対して、デザイン手法を用いて解決策を検討し提案します。アアルト大学は、芸術系・経済系・工学系の3大学が合併してできた大学であり、DfGの授業にもさまざまな専門性を持つ学生が参加します。また、他大学からの受講も認められており、近隣のヘルシンキ大学や遠方の大学から受講する学生もいるといいます。30名程度の受講者は専門が混ざるようにチーム組成されます（フィンランドの修士課程にいる学生は社会人経験を持つ人も多く、その点は日本と少し異なる部分かもしれません）。

　授業は「共感型デザイン（Empathetic Design）」「システム思考」「行動経済学」の3つを柱として構成されており、それぞれの方法について講義と実践的活動が折り重なって進められます。授業の最後には公開型の発表会が実施され、テーマを提出した行政機関や、デザインコンサルティング会社などの民間企業、授業内容に興味関心のある学生などが参加します。授業の成果物や一部の講義はウェブサイト上で公開されています。これまでに行われた授業では幅広いテーマが取り扱われ、「行政職員の未来の働き方」や「学校での野菜果物の摂取推進」「公共交通におけるアクセシビリティ」などがテーマの一例です。

2014年から行われているDfGの授業ですが、受講生の学生らが行政内のデザイン組織でインターンシップを行ったり、大学院修了後に実際に行政組織でデザイン専門家として勤務するなどの成果が出ています。また、修了生が授業のゲスト講義として参加したり、公開発表会が実務者・学生・研究者など立場を超えたネットワーキングの場になっているなど、コミュニティづくりにも貢献していることも確認できます。

行政組織のデザイン実践に関するプロジェクトは期限付きのものが多く、また政治的判断などでその体制が変わってしまうリスクもあります。そのようなキャリア上のリスクを、行政組織だけでなく大学や民間企業を含めたインフォーマルなネットワークが分担していると見ることもできます。

日本の行政組織におけるデザイン実践においても、このように産学官が連携して人材育成やキャリア育成がされていくとよいと考えています。海外に比べ、日本にはサービスやシステムといった広い意味でのデザインを扱う教育プログラムが少ないと言われてきましたが、その状況は変わりつつあります。近年デザイン・アート系の大学でも新たな学部や教育プログラムが創設されたり、複数大学が連携した取り組みが行われており、アアルト大学のDfGのような取り組みは各地で展開できる可能性がありそうです。

4-6

# デザイン実践を組織に広げるために：政策デザインの遡上モデル

ここまで、政策立案と実施にデザイン手法を活用する方法や、それを支える仕組み、導入のためのポイントや具体的な方策などをお話してきました。

デザイン手法の活用をしたいがどこから始めればよいのか、また組織の中でデザイン実践を広げていくためにはどのようにしていけばよいか、そのような疑問に対するひとつの回答として、また中長期的な展望を持つため、この節では、自治体における政策立案と実施にデザインプロセスを取り入れられていくひとつの原型（モデル）を示したいと思います。

## 政策デザインの遡上モデルの概要

第2章で提示した5つの場面（❶課題分野を設定する、❷政策をつくる、❸事業をつくる、❹事業を実施する、❺政策や事業を評価し修正する）では、政策過程の段階モデルをふまえ、政策立案と実施の流れを、状況把握から計画策定、実施、そして評価に至るまで直線的に順番に進むウォータフォール型のものとして捉え、プロセスをまとめてきました。ウォーターフォールとは「滝」の意味で、システム開発で使われてきた言葉です。滝のように上から下へ、つまり上流工程から下流工程へと順番に開発を進めていく手法です。前節では、当初のプロセスから、行政職員の方々との意見交換などを通して、「政策づくりではなく、実施から始める」「組織ではなく、仕組みから始める」また「行政職員がリードし、市民をデザインパートナーとして迎え入れる」というデザインプロセス導入に向けての具体的方策をまとめました。

これらの考え方を取り入れ、モデル化したものが、ここでご紹介する「政策立案ウォーターフォールの遡上モデル」（図33）です。

格子状になっている縦軸は、政策立案と実施プロセスの大まかな区切りとして、各自治体で行われる「計画化」（政策テーマに沿って計画を策定し、狭義の政策から施策までの検討）、毎年の予算編成プロセスに合わせて行われる「事業化」（予算要求可能なレベルの事業検討と予算要求）、そして実際に予算化された事業を実施し評価する「実現化」という3段階に加え、自治体の成功事例が法律改正や国の事業として取り入れられる「制度化」を合わせた4つの段階としています。

また格子の横軸は、各ステップを主導するのが行政側か市民側か、もしくはその両者が共同して行うか、その比重を示したものです。行政と市民どちらが主導するにせよ、もう一方の関与がまったくなくなるということではなく、あくまでどちらがそのプロセスをリードす

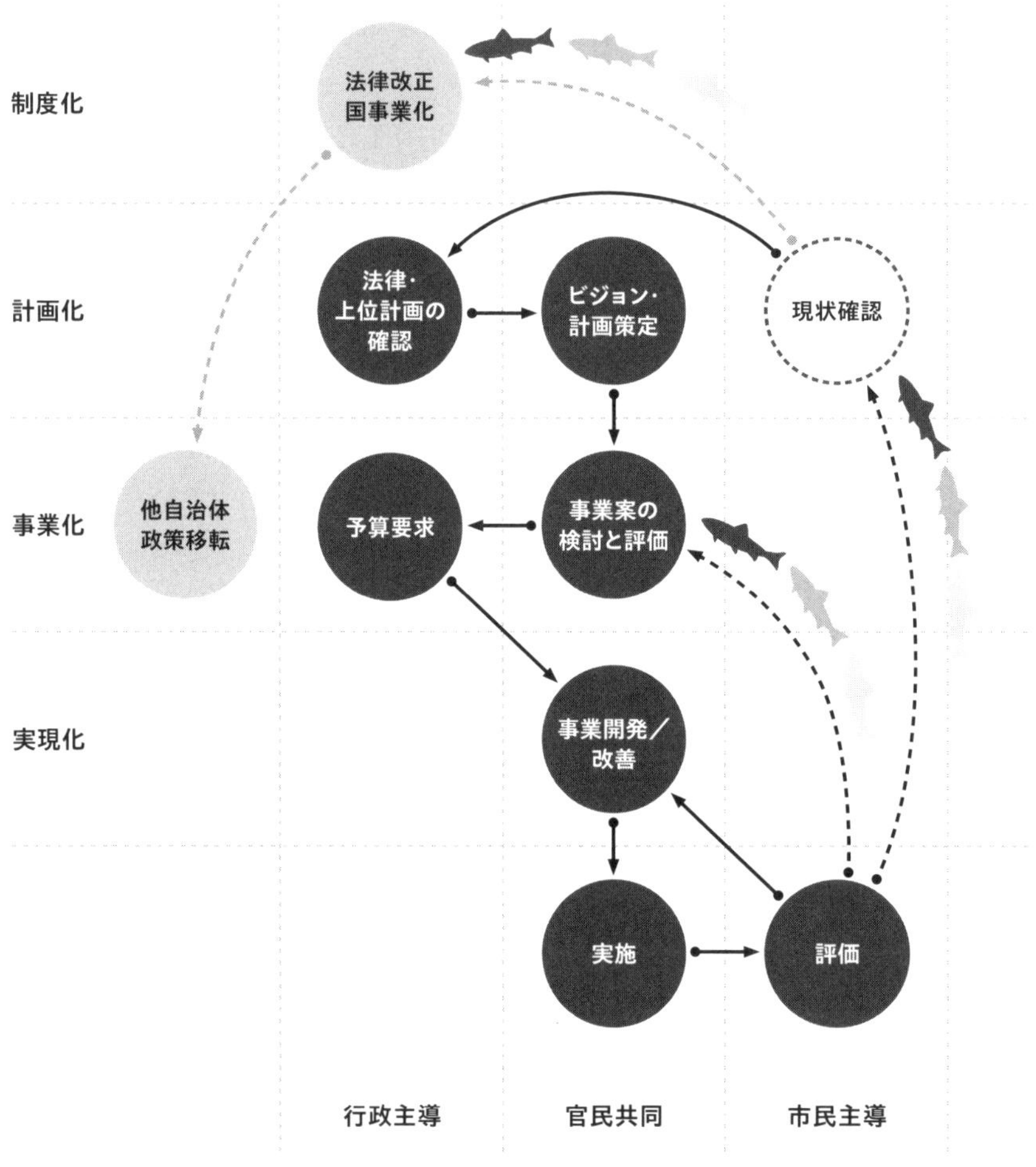


図33　政策立案ウォーターフォールの遡上モデル

るかということです。

その縦軸と横軸の格子の中に、行政と市民が協働した政策のデザインプロセスの各要素を配置し、その流れを矢印で接続しています。行政と市民が共同でプロセスを推進していくことを基本線とし、既存の法律や計画の確認といった部分や予算要求は行政側が主導、一方、行政が自ら実施しづらい事業評価については市民側が主導する、という一定の役割分担を表現しています。

実線の矢印は標準的に行われるプロセスの流れを表しています。流れは先に示したものと同様ですが、プロセスの開始地点がどこからでも可能なことを表すため、あえて順番は記載していません。見ていただくとわかるように、実線の矢印だけを追うと、最終的には実現化段階にあたる、「事業開発／改善」「実施」「評価」の3つの段階をぐるぐると回ることになります。

一方、点線の矢印は一定の条件を満たした場合に現れる流れを示します。この点線矢印で示されている流れは、下段の政策実施に向かって滝のように上から下へ流れるモデルの中で、上位の段階に「遡上」する流れであることを示しています。上位段階に遡上する流れは魚のアイコンが付記されている3箇所です。遡上が起こるということは、鯉の滝登りのようなもので、**より上流からデザインが実践できるようになり、組織の中にデザイン実践の認知や評判が広がっていく**ということです。

それぞれについて詳しく解説していきます。

## 遡上の流れと阻害要因

上位段階に遡上する流れは3箇所あります。そしてそれぞれにその遡上を阻害する要因、いわば関門のようなものがあります。

1点目は、**「評価」から「事業案の検討と評価」への流れ**です。これは、事業内容の詳細検討と実施においてデザインプロセスを活用した結果、その事業が効果的であったという評価が得られた場合に、より上位の事業案自体の検討にデザインプロセスが用いられる可能性が拓かれるということです。

遡上の主な阻害要因としてまず考えられるのは、デザインプロセスを使ったものの「成果が出ない」ということでしょう。この、成果が出ないということにもさまざまな意味があります。まず、行政視点で設定された既存の成果指標で見たときに、それが達成されていないということです。予算が付いて事業化されているところからプロジェクトを開始するため、既に設定された成果指標を変更することは難しい状況にあります。その場合、政策を実施する目的や市民のニーズと、事業で実施しようとすることが、残念ながら当初からズレている可能性があります。そのような場合でもどうにか事業を実施するわけですが、組織としては当初の成果指標で事業成果を確認しようとすることになります。ズレに気付いたとしても、事業の内容を大幅に変更することは難しいため、既成の成果指標に至った背景を踏まえ、ジレンマのなかでそれをどう達成するか考え、プロセスを進める必要があります。

また、デザインプロセスへの理解度や実施の質が低く、対象者のニーズや環境をうまく捉えられない、時間配分がうまくできずプロセスを終えることができない、探索的なプロセスに慣れておらず先に落とし所を設定してしまう、といったプロジェクトマネジメント上の失敗ということも考えられます。他にも、実施部分を行政組織外部に丸投げしてしまったがために、担当者もその内容がよく理解できず、また組織内部でのデザインに関する理解度や納得感が高まらない、成果とデザインプロセスの関係性がうまく認識されないといった事柄も考えられるでしょう。

2点目は、**「評価」から「現状確認」への流れ**です。これは、事業案の検討から実施、評価というプロセスを何度か回していったうえで、デザインプロセスによる効果が実感され、組織内での理解が深まった際に計画改定などのタイミングがくると、計画策定といった政策づくりのためにデザインプロセスが本格的に用いられる可能性が拓かれるということです。

現状確認を点線の丸としているのは、それまでの事業実施と評価自体がある程度現状確認の部分を担っているということを表しています。事業より上位で広範な範囲を取り扱う計画策定においてデザインプロセスが活用されることで、より分野横断的で統合的な視点から政策立案を行うことができる可能性があります。このような分野横断型の政策立案のためには組織内外での高い調整能力が必要となりますが、それまでに積み上げてきた実績がその一助になります。

ここでの主な阻害要因としては、管理職の理解や調整ということが挙げられるでしょう。

ここで目指すのは、個別テーマの計画策定においてもその分野に留まらず、関係のある他分野の視点も取り入れた分野横断的で統合的な計画策定となります。その際に障壁となるのは、部署の縦割りです。その縦割りを前提としてプロセスを進めるためには、部局間コミュニケーションの要となる管理職レベルにおける理解と調整が不可欠と言えます。

最後に3点目は、**「現状確認」から「法律改正」や「国事業化」への流れ**です。飛び抜けてよい成果を上げたり注目された自治体の事業は、法律の変更や国事業メニューへの組み込みなど、国家レベルで制度化される可能性があります。またその結果、類似事業が他自治体でも実施されるという政策移転につながる可能性も考えられます。この3点目については、単一の自治体の政策立案プロセスとは直接に関わらないため、プロセスを薄いグレーで表示しています。

ここでの遡上の主な阻害要因としては、事業の注目度ということになるでしょう。どれだけ良い事業であったとしても、それがメディアに取り上げられたり、人的ネットワークを通して中央省庁担当者や有識者などに伝わらなければ、それが国の事業として検討されることはありません。メディアへの情報提供、オウンドメディアやSNSなどでの情報発信、分野の有識者との関係性構築などが重要となるでしょう。

行政組織が日々対峙する現状の文脈においてまずデザインを実践し、成果を出すことによって、新たな可能性の探索を自由度高く実施できるようになり、不確実な状況においてもデザイン実践を行うことが可能となります。これは、通常行政組織トップの交代といった大きな変化がなければ変わらない組織を徐々に変革していくこととも言えます。

デザインプロセスを使うイメージがしやすい実施の部分からまず実践を始め、政策実施自体を長い目線で見たプロトタイピングと捉え、実績を積み上げながら徐々に、より上流のプロセスに活用範囲を広げていく。トップダウンではなく、現場の実践を起点としたボトムアップのデザインプロセス導入の可能性をこのモデルでは示しています。現場における一つひとつの実践が、行政職員と市民がともに実践するデザインイニシアチブになると言えるのです。

4-7

# 官民協働による政策デザインの実践に向けて

## これから期待される行政と市民が協働した政策づくり

本書は、日々現場で奮闘されている行政職員の方を主な読者として想定し、かつ行政に外部から関わるデザイン専門家や市民の方にとっても参考になるよう書いてきました。

第1章の終わりや第2章で述べたように、公共的課題をテーマにデザインを実践していく機会はますます多くなるでしょう。その際には、行政だけでなく、市民をはじめとする多様な主体が協働していくことが欠かせません。そのように協働して行われる政策づくりは**「官民協働政策デザイン（Collaborative Policy Design）」**とでも呼べるものです。

また、2-4で、日本の自治体におけるPSIラボの仮説として、行政と市民が共に人材や資源を出し合い協働する「官民協働型の組織」を提案したいと述べました（P.128）。このような官民協働型の組織を「**官民協働政策デザイン主体（Collaborative Policy Design Agency：CPDA）**」と名付けてみたいと思います。CPDAでは、行政と市民がパートナーシップを組み、個別計画からそれに基づく事業までを一貫して検討の対象とします。プロジェクトの期間は複数年に及ぶことになり、市民側からの参加者は常勤や兼務の仕事として深く関わることが想定されます。市民参加型の活動が行われる際、行政は「事務局」のようなかたちで一歩引いた立場をとることが多いですが、ここでは対等な立場として調査や議論などの活動に参加します。行政、市民ともにCPDAという組織自体への参加者は限定的ですが、個別のプロジェクトによって関連する担当課や民間企業、市民などがプロジェクトのパートナーとして参画することが考えられます。

マンズィーニは、社会の中に自然に存在するネットワークに対して、**デザイン連合（design coalition）**というネットワーク形態について定義しています[11]。デザイン連合とは、目標やビジョンを共有し、行動をともにする結果志向のものであり、デザイン専門家か非専門家かを問わず、さまざまな主体が協働するネットワークであると定義されています。これは、1-2で紹介したデザインモードマップの四象限（P.33）が中央に集まった部分にあるもので、偶然存在するのではなく、適切なパートナーシップや興味関心のすり合わせの結果できるものであり、それ自体が戦略的なデザインの結果であるとされます。CPDAは、このようなデザイン連合としてかたちづくられるものです。

## 官民協働政策デザインの実験：デザインセンター長浜カイコー

筆者は、数年間地元長浜市で「長浜カイコー」（図34）という組織の運営に関わっていました。長浜カイコーは、2021年に公設民営のデザインセンターを標榜し、デザイナーや建築家、研究者、行政職員からなるチームで立ち上げられたものです。地方自治体である長浜市が設置するデザインセンターとして、広くビジネス領域から市民活動などのソーシャル領域も対象とし、ビジネスとソーシャルが混ざり合う領域の活動を積極的に支援していくことを目指していました。

長浜カイコーが入居するスペースの設計は、実際に使用者として想定される市民の方と共に検討するべく、スペースの構想や図面作成と同時並行で、実際に市民の方にスペースを使ってもらいながら意見を聞き取り、計画に反映させていきました。また、長浜市の関係人口増加を目的とする事業づくりにおいて、「副業や兼業を通した関係人口の増加」という事業目的の明確化から事業コンセプトの立案、事業の試行、結果検証までを、担当課と一気通貫で行うことなどもしました。他にも、社会福祉協議会と共催した「福祉とデザイン研究会」、子ども向けのデザイン教室など、さまざまな活動を行政や地域の人々と実施しました。

私のプロジェクト管理の失敗、首長の交代、お世話になった職員の異動などいくつかの難しい事情が重なり、残念ながら当初意図していたような活動は短期間で終わってしまいましたが、その一部は今でも取り組みが継承されています。当時は「官民協働政策デザイン主体

図34　長浜カイコー

（CPDA）」という言葉を使っていたわけではありませんが、そのような立ち位置を強く意識して実施したプロジェクトです。

## 地域をよくする、デザインという〝泥臭い〟営み

「官民協働」と言葉にすればシンプルですが、実際に行うのは簡単なことではありません。それぞれの立場や考え方の違いを乗り越えて同じ目標に向かっていくためには、多くの労力が伴います。行政と市民といっても、現場単位で見れば人と人との関係性であり、相互理解のためには継続的な対話が必要です。それでもなお、そのように労力のいることを行おうとするのは、その地域を少しでもよくしたいという気持ちがあるからでしょう。

筆者自身も、研究という側面から「行政組織におけるデザインの実践」に関わる一方、ひとつの地域で生活する市民として実践に携わってきました。行政職員や地域の事業者、実践者の方々と、新しい事業づくりを試行したことも新しい場所や組織づくりに挑戦したこともあります。その度に、うまくいったこともあれば、プロジェクト管理や継続において挫折を味わったことも多くあります。実践することを通して多くのことを学んできました。**自治体や地域の数だけ、それぞれ特有の状況があります**。だからこそ、**その地域にいる人がデザインを実践することが重要**です。本書は、そのような人たちを応援したいと思いな

がら書いたものです。

冒頭で述べたように、「デザイン」という言葉にはどこか華やかなイメージがあります。ですが現実は、地道で泥臭い作業の積み重ねであり、それは政策立案と実施におけるデザインにおいても同様です。現場で奮闘する行政職員や市民こそがデザインの能力を発揮することで、行政組織、ひいては地域におけるデザイン実践の新たな可能性が拓かれると信じています。前を向いて、一緒に頑張りましょう。

# おわりに

本書の結びとして、私が行政とデザインに関する研究をより深めたいと思ったエピソードについてお話したいと思います。

1つ目はポリシー・ラボ・シガ（Policy Lab. Shiga）というプロジェクトとの出会いです。

このプロジェクトは滋賀県庁職員の有志により、「『県民の本音』を起点にした、組織の枠を超えた「共感」に基づく政策形成の実践」をテーマにデザイン思考の考え方を活用して行われた、非公式の政策研究プロジェクトです。2017年7月に導入としてデザイン思考に関するトレーニングが行われ、その後9月から約1年間にわたって継続的に調査やワークショップが行われました。プロジェクトの前半はインタビューを中心としたユーザー調査からペルソナの作成を実施。後半はペルソナをもとに県内のさまざまな個人や団体とアイデアソンを実施し、政策アイデアの創出とプロトタイピングが行われました。最終的には知事への提言というかたちで報告書がまとめられ、知事との意見交換会も開催されています。

知り合いの行政職員が発起人として実施したもので、私はそのつながりから講師やメンターとして関わらせていただきました。参加していたのは若手の職員が多かったのですが、レギュラーの参加者以外にも見学者が多数見えるなど、面白い場でした。冒頭に「非公式」

と書いたように、このプロジェクトは勤務時間外に有志が集まり行われたものです。平日の勤務後だけでなく、休日も調査や外部組織とのワークショップなどを精力的に実施しており、そのパワーに感動したものです。当時から海外の実践事例も見聞きしており、行政組織におけるデザイン実践には興味関心があったのですが、この活動に関わったことから、より深くこの分野を探究してみたいと思うに至りました。

プロジェクト参加者へのインタビューをさせてもらうなかで、そこで聞いた「当事者と直接対話することで自身と異なる人々の考えや視点を得る大切さ」や「定性データを根拠に説明することの難しさ」「部局の壁」「既存の予算編成プロセスなどとの兼ね合い」などについては、今でも変わらず大事なポイントだと感じています。特に「難しさ」の部分については、明快な解決策を提示することができない部分ではありますが、いまだに自分自身の問題意識として共通している部分です。

日本の行政組織におけるデザイン実践の黎明期に実施されたプロジェクトに実際に立ち会うことができたのは、幸運なことだったと感じています。

2つ目は、調査で訪れたフィンランドで出会った「市役所のサービスデザイナー」の存在です。

本書でもたびたび言及しましたが、フィンランドは公共分野において、サービスデザインなど広い意味でのデザイン実践の先進地域として知られています。その現状やエコシステムについて調査するため2018年に訪問し、実際に行政職員や民間のデザインコンサルティング会社、大学の研究員などにインタビューをさせていただきました。

その滞在期間中に「ヘルシンキデザインウィーク」というイベントがあり、そのなかで開催されたアアルト大学による「行政のためのデザイン」をテーマにしたワークショップに参加しました。その際に同じテーブルだったのが、フィンランドのとある市でサービスデザイナーとして働く方でした。名刺交換をしてまず驚いたのが、市役所の名刺にサービスデザイナーという肩書が書いてあることでした。そして、その方の経歴を聞いてさらに驚きました。その方は、フィンランドの行政学教育で著名な大学を卒業し、市役所職員として勤務を始めました。複数の市をまたいだプロジェクトでコーディネーターなどの仕事をするかたわら、大学のデザインマネジメント専攻コースを受講し、その修了後に同じ市役所の中でサービスデザイナーとして肩書を変え仕事をしていたのです。どのようにして市役所の中にポジションをつくったのか、ということまでは聞くことができませんでしたが、生え抜きの行政職員であっても、自ら学び直し、デザイナーという肩書を掲げて仕事をしていくことができるのだということを思い知らされました。

もちろんフィンランドと日本の行政組織の環境は異なっています。フィンランドでは、デザインの専門家が転職というかたちで行政職員になり、組織の中で仕事をする事例も珍しくありません。キャリア採用が少しずつ広まっているものの、まだまだ生え抜きの職員が多い日本の行政組織こそ、職員自身が「デザイン」という行政にとって新しく感じられる分野を学び、組織の中で実践していく必要があるのではないでしょうか。

研究の内容について話をしている時に、行政職員経験者の方から「**これって優秀な職員ならデザインと言わなくてもやっていることなんじゃないの？**」というコメントをいただいたことがあります。このコメントは、私自身にとって研究を続ける刺激になった言葉の1つです。

このコメントが意味するのは、「デザインを実践する」ということと、行政組織という環境で「優秀」と認識されるような行動や考え方に似ている部分があるかもしれない、ということです。

そのようなことについて、あえて「デザイン」という言葉を使う必要はないのかもしれません。

しかし、デザインとの関係性を明確にし、意識することで、**これまでにデザインの各分野で蓄積されてきたさまざまな知恵や方法が、行政という文脈においても活用することができるようになるはず**です。

自治体の新卒採用にデザインを専攻する学生が一般行政職として採用される枠が導入されたり、デジタル庁などでデザイン専門家の中途採用が積極的に行われているように、デザインを学んだ人材が行政組織の内部で活動する例は少しずつ増えてきています。また、デザインという言葉を使わずとも、世の中を少しでもよくするために難しい課題に対して尽力されている行政職員の方が多数おられることも知っています。そのような人たちの、それでもなおという気持ちや、あと一歩の努力の積み重ねで、社会はよくなっていると思うのです。

本書が、厄介な問題に立ち向かう「デザイナーとしての行政職員」にとって、参考になるものであれば心から嬉しく思います。

# 謝辞

本書は、私の博士論文が基礎になっています。博士課程の指導教員である水野大二郎先生にはいつも温かいご支援をいただきました。「行政職員向けのわかりやすい書籍を書いたほうがよい」と後押しいただいたことが本書の執筆につながっています。また、論文の共著等でご一緒している水野研究室の岡本晋さんとの議論からも新しい気づきをいただいています。加えて、研究とは何かもわからないなか、修士課程で受け入れていただいた徳丸宜穂先生にも感謝します。

デザイン研究者・実践者の方々にも多く影響や励ましを受けてきました。数を挙げればきりがありませんが、特に、同郷でありいつも背中を見せていただいている岩嵜博論さん、本書でも多数引用させていただくなど考え方や態度を学ばせていただいている上平崇仁さん、落ち込んでいた時期に再出発するきっかけをいただいた八重樫文さん、同じスピリットを共有していると感じる大草真弓さん、由井真波さん、議論からいつも気づきを与えてくれる中山智裕さんに、この場で御礼をお伝えしたいと思います。

また、長浜でプロジェクトをともにしてきた、荒井恵梨子さん、石井挙之さん、牛島隆敬さん、長浜市役所のみなさまにも心から感謝を伝えたいと思います。他にもさまざまな方々との探索的な活動の積み重ねがなければこのような桧舞台に立つこともなかったでしょう。

実際に行政の現場で働く方、また民間の立場で協働プロジェクトを実施されている方々にも日頃から多くの刺激と示唆をいただいています。こちらも挙げるときりがありませんが、特に本書に関連するところでは、筈井淳平さん、清水充則さん、桐畑孝佑さん、小山田那由他さん、小橋真哉さんに構想段階や執筆中にさまざまなご示唆をいただきました。

また、今回事例紹介にあたって快くインタビュー対応や資料提供をいただいた、各自治体ご担当者のみなさま、個別にお名前を挙げるのは差し控えますが、心から御礼申し上げます。多くの学びや励ましをいただきました。

書籍の作成にあたっては、株式会社ビー・エヌ・エヌの村田純一さんに、書籍構成の議論からはじまり、文章やレイアウトを丁寧に見ていただくところまで、多大なるご支援をいただきました。この本の編集を村田さんにご担当いただくことができたのは幸運でした。

また、ブックデザインをしていただいた、sukkuの青松基さん、上原あさみさんは、しっかり書籍の意図を読み取り、わかりやすく心のこもったビジュアルを授けてくださいました。

そして最後に、本書をお読みいただいた読者のみなさま、ありがとうございました。本書が日々の実践をよりよく進めるための一助となれば、著者としてこのうえない喜びです。

2024年6月
夏の暑さを感じ始めた仕事部屋にて。

中山郁英

9 Tools

# 「政策デザインの9つ道具」テンプレートの使い方

本書の中で何度も出てきているように、デザインはまずやってみること、実践することが大切です。

そのやってみるを応援するために、第3章でご紹介した「政策デザインの9つ道具」を使う際に活用できるテンプレート（ひな形）を用意しました。

テンプレートはなるべくシンプルなものとしています。Microsoft PowerPointとPDFの2つの形式で用意していますので、まず一度使用してみて、2回目以降は自分たちが使いやすいよう状況に合わせて調整していただければと思います。

テンプレートはA4用紙に印刷できるようにサイズ調整しています。パソコン、手書き、どちらでも使いやすい方法でご利用ください。

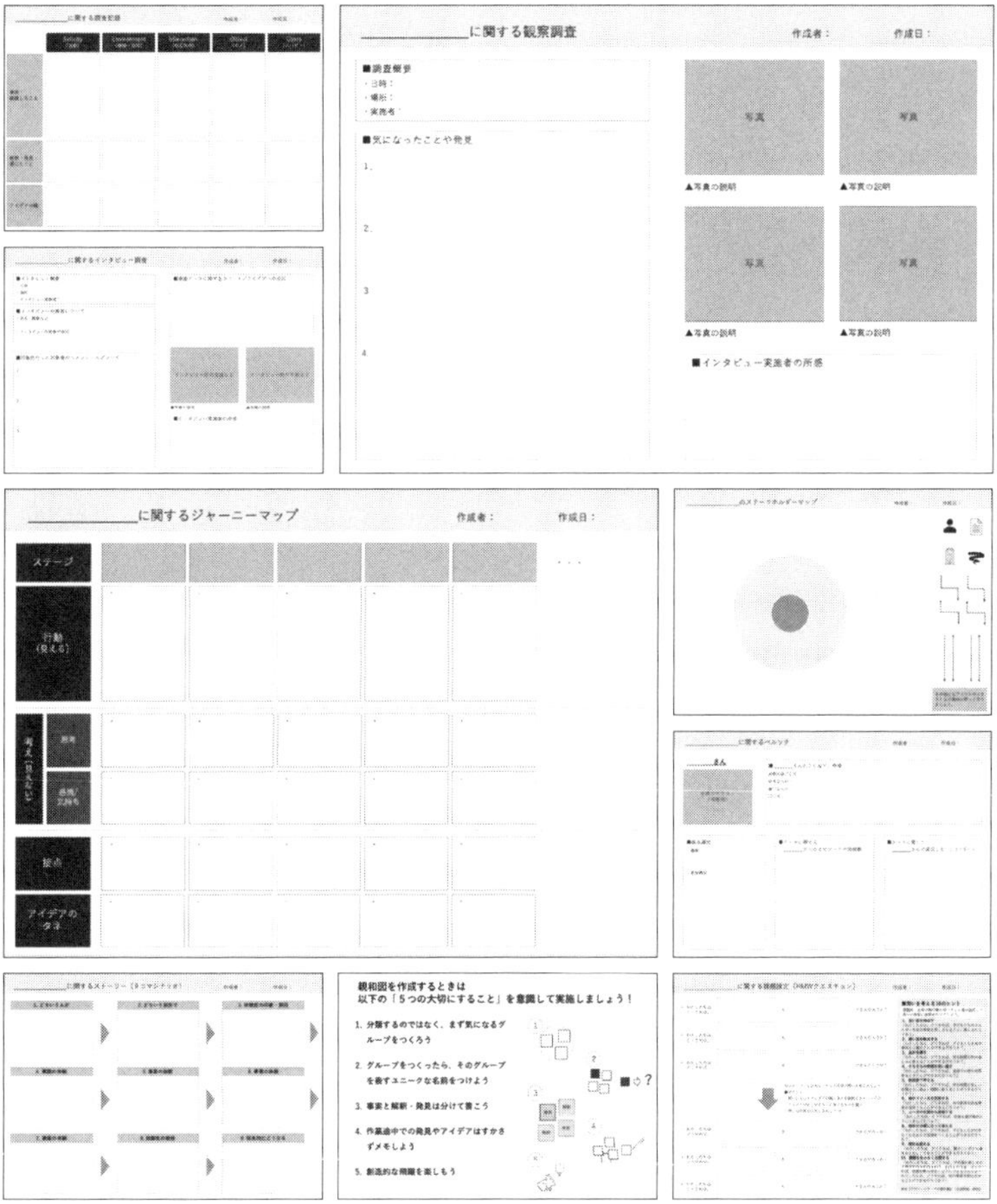


テンプレートデータはこちらのURLよりダウンロード可能です。

**https://www.bnn.co.jp/blogs/dl/DLG**

## ブックガイド

デザイン実践に関連して、素晴らしい書籍がたくさん出版されています。本書を読んでデザインをもっと学んでみたいと思われた方に参考になるように、ブックガイドとしてまとめました。1〜3章の内容にあわせて大まかに分類してあります。

### 第1章〈どうして行政にデザインが必要なのか〉に関連して

第1章では主に、本書で言うデザインとはどのようなものか解説しました。ここでは、デザインの考え方や姿勢に関してさまざまな視点から書かれた書籍をご紹介します。

**『コ・デザイン：デザインすることをみんなの手に』** 上平崇仁 著、NTT出版、2020年
https://ndlsearch.ndl.go.jp/books/R100000002-I030807429
使い手や当事者と一緒にデザインする「コ・デザイン」とは何か、また誰もがデザインをしていく必要性やその背景について丁寧に書かれた書籍。紹介されている事例や物語も面白く、「デザインなんて自分には関係ない」と思っている方にこそ読んでほしい一冊。

**『動機のデザイン：現場の人とデザイナーがいっしょに歩む共創のプロセス』** 由井真波 著、ビー・エヌ・エヌ、2022年

https://ndlsearch.ndl.go.jp/books/R100000002-I032178511
デザインにおいて価値と形をつくることはもちろん、それを支える土台として「人々の動機」を引き出していく大切さについて書かれています。著者が実際に関わった事例紹介が豊富で、一つひとつに著者の想いが込められており、読むことでそれらが追体験できるような書籍です。

**『デザイン思考が世界を変える：イノベーションを導く新しい考え方　アップデート版』**ティム・ブラウン 著、千葉敏生 訳、早川書房、２０１９年
https://ndlsearch.ndl.go.jp/books/R100000002-I030065084
デザイン思考を世に広めたデザイン会社ＩＤＥＯの元ＣＥＯが著者である本書、「デザイン思考」という言葉や方法について書かれたものは山のようにありますが、基本として読むべき書籍だと思います。具体的な方法論ではなく、デザイン思考で大切にする考え方や価値観について書かれています。

**『誰のためのデザイン？：認知科学者のデザイン原論　増補・改訂版』**Ｄ・Ａ・ノーマン 著、岡本明、安村通晃、伊賀聡一郎、野島久雄 訳、新曜社、2015年
https://ndlsearch.ndl.go.jp/books/R100000002-I026313338
私が「デザイン」というものに興味を持った時に偶然最初に手にとったのがこちらの書籍の旧版でした。特に工学系のデザイン教育を受けてきた方なら読んだことがある人も多いので

はないでしょうか。ノーマンは使い手の立場に立って、理解しやすく誤解がないような人間中心のデザインを行うべきと本書で提唱しており、デザインの手法や考え方に大きな影響を与えています。

**『情報デザイン入門：インターネット時代の表現術』**渡辺保史 著、平凡社、２００１年
https://ndlsearch.ndl.go.jp/books/R100000002-I000003013878
日本における情報デザインの黎明期にその分野のパイオニアとして活動した著者による書籍。「情報デザイン」とは、ものと人、人と人との新しい関係を作ることであるとして、さまざまなプロジェクトを実施されています。自分もデザインをしていいんだ、と思える一冊。

**『デザインマネジメント論：ビジネスにおけるデザインの意義と役割（ワードマップ）』**八重樫文、安藤拓生 著、新曜社、２０１９年
https://ndlsearch.ndl.go.jp/books/R100000002-I030000964
デザインの書籍や論文を読んでいるとさまざまな概念に出くわします。そのようなデザインにまつわるさまざまな考え方や用語についてまとめてあるのが本書です。それぞれの項目がコンパクトにまとまっているので、辞書のように使ったり、参考文献からさらに学びを広げることができるでしょう。

## 第2章〈どのように行政がデザインを実践できるのか〉に関して

第2章では主に、行政が政策をつくり実施していく際に、どのようにデザインを実践していくことができるのかお話しました。ここでは、行政とデザインのつながりついて書かれたものや、デザイン書籍ではありませんが公共政策に関する本をご紹介します。

**『行政とデザイン：公共セクターに変化をもたらすデザイン思考の使い方』**アンドレ・シャミネー 著、白川部君江 訳、ビー・エヌ・エヌ新社、２０１９年
https://ndlsearch.ndl.go.jp/books/R100000002-I029785594

行政組織がデザインを実践することをストレートなテーマに置いた本書。行政組織だからこその難しさや留意する事柄を整理したうえで、それを乗り越える方策などが書かれています。行政と市民、デザイナーの橋渡しをする「バウンダリースパナー」という存在や、デザインには権力を伴うといった大事な概念が紹介されています。

**『公共政策学の基礎 第3版』**秋吉貴雄、伊藤修一郎、北山俊哉 著、有斐閣、２０２０年
https://ndlsearch.ndl.go.jp/books/R100000002-I030807707

本書は大学レベルの教科書として執筆されているものですが、トピックが読みやすくまとめられており、政策とは何か、政策はどうつくられるのかということについて学ぶためにとても参考になる本です。行政職員の方でも、日頃「政策」というものについて意識することは

少ないのではないでしょうか。デザイン手法を学ぶことと同時に、改めて確認したい事柄が多数掲載されています。

**『政策立案の技法：問題解決を「成果」に結び付ける8つのステップ 第2版』**ユージン・バーダック、エリック・M・パタシュニック 著、白石賢司、鍋島学、南津和広 訳、東洋経済新報社、２０２３年

https://ndlsearch.ndl.go.jp/books/R100000002-I032940443

カリフォルニア大学バークレー校公共政策大学院で教えられている政策立案の具体的な進め方について書かれた書籍。公共政策学側の言葉で語られる政策をデザインする方法ですが、デザイン学側からの視点と共通する部分が多くあります。米国と日本では政策立案に関する環境は異なりますが、アイデアを政策として落とし込むときの参考になるでしょう。

**一般社団法人行政情報システム研究所による調査レポート**

**JAPAN+Dによるリサーチレポート・報告書**

行政組織によるデザインの実践については、公的機関の調査レポートや報告書などが無料で公開されています。読み応えがあり、参考になるものが多くありますので、ぜひこちらも確認してみてください。以下に一例を紹介します。

※1 行政におけるデザイン思考の推進に向けた人材育成に関する調査研究
https://www.iais.or.jp/reports/labreport/20190331/designthinking2018/

※2 行政におけるサービスデザイン推進に関する調査研究
https://www.iais.or.jp/reports/labreport/20180331/servicedesign2017/

※3 行政におけるデジタル・トランスフォーメーションの推進に関する調査研究
https://www.iais.or.jp/reports/labreport/20210601/dx2020/

※4 JAPAN+Dウェブサイト
https://www.meti.go.jp/policy/policy_management/policy_design/japanese/

### 第3章〈実際にやってみよう：活用判断ポイントと「9つ道具」〉に関連して

第3章では、行政での仕事にいかにデザイン手法が活用できるのか、その方法や使いやすいツールの紹介をしました。ここでは、デザイン手法について詳しく解説した書籍をご紹介します。さらに詳しいことを知りたい、他の手法も使ってみたいと思われた方はぜひ手にとってみてください。

※1 ※2 ※3 ※4

**『機会発見：生活者起点で市場をつくる』**岩嵜博論 著、英治出版、２０１６年
https://ndlsearch.ndl.go.jp/books/R100000002-I027586934
調査から課題定義までの具体的なやり方が詳細に書かれた書籍。インタビューや行動観察といった調査で気をつけるべき点や、インタビューガイドなど調査に必要な準備物の作成方法まで基本的な事柄が、初めて読む人にもわかりやすく丁寧に書かれています。

**『デザインリサーチの教科書』**木浦幹雄 著、ビー・エヌ・エヌ新社、２０２０年
https://ndlsearch.ndl.go.jp/books/R100000002-I030726903

**『デザインリサーチの演習』**木浦幹雄 著、ビー・エヌ・エヌ、２０２４年
https://ndlsearch.ndl.go.jp/books/R100000002-I033407686
調査の設計からアイデア創出、プロトタイピングまでの一連のデザインプロセスのやり方について、具体的に掲載されています。紹介されている手順を参考にすれば、一通りデザインリサーチのプロセスを回すことができるでしょう。

**『ＵＸデザインの教科書』**安藤昌也 著、丸善出版、２０１６年
https://ndlsearch.ndl.go.jp/books/R100000002-I027304299
ＵＸとはUser Experienceの略で、使い手が製品やサービスを使うときの体験のことを意味します。その理論や手法について、体系的にまとめられているのがこちらの書籍です。手法についての紹介が豊富で、プロセスの各段階で手法を検討する際にも活用できます。

**『情報デザインの教室：仕事を変える、社会を変える、これからのデザインアプローチと手法』**情報デザインフォーラム 編、丸善、２０１０年
https://ndlsearch.ndl.go.jp/books/R100000002-I000010970995
単に情報の提示方法というだけでなく、人と人、モノや環境の関係性を形作る情報デザイン領域に関する研究者や実務家がまとめた書籍。こちらの本も手法が豊富に紹介されており、手法を検討する際に辞書のように活用できます。

**『ソーシャルデザイン実践ガイド』**筧裕介 著、英治出版、２０１３年
https://ndlsearch.ndl.go.jp/books/R100000002-I024793482
社会課題の解決をテーマとするソーシャルデザインを実践する方法について書かれたこちら。デザインプロセスをわかりやすい言葉に言い換えた章立てからもわかるように、デザインのことを知らない人でも違和感なく読めるでしょう。具体例も多く参考にしやすいと思います。

**『新たな事業機会を見つける「未来洞察」の教科書』**日本総合研究所未来デザイン・ラボ 著、ＫＡＤＯＫＡＷＡ、２０１６年
https://ndlsearch.ndl.go.jp/books/R100000002-I027138778
ＯＥＣＤの公共部門イノベーション観測所（Observatory of Public Sector Innovation）のレポートでは、これから先のありうる未来像を複数想定し、先回りして準備をしておく「先見的ガ

バナンス」が重要であるとされます。その未来像をつくる方法の1つが「未来洞察」と言われる手法です。その手順が詳しく述べられており、計画やビジョンづくりなどをバックキャスティングで実施したいときの参考になるでしょう。

[2] ハンス・ロスリング, オーラ・ロスリング & アンナ・ロスリング・ロンランド,『FACTFULNESS(ファクトフルネス) 10の思い込みを乗り越え、データを基に世界を正しく見る習慣』. 日経BP, 2019

[3] S. Park-Lee, “Contexts of briefing for service design procurements in the Finnish public sector,” Design Studies, vol. 69, p. 100945, 2020.

[4] 経済産業省, “デザインがわかる、地域がかわる インタウンデザイナー活用ガイド,” 2023.

[5] アンドレ・シャミネー,『行政とデザイン: 公共セクターに変化をもたらすデザイン思考の使い方』. ビー・エヌ・エヌ新社, 2019.

[6] “「行政(政策)×デザイン」の試みは、なぜ成功して失敗したのか (4/4) | hazuijunpei,” note(ノート), Jul. 25, 2020. https://note.com/hazuijunpei/n/n8cb42370f390 (accessed Jan. 24, 2024).

[7] K. Lykketoft, “Designing Legitimacy: The Case of a Government Innovation Lab,” in Design for Policy, C. Bason, Ed., Routledge, 2014, pp. 133–146.

[8] 中山郁英, “自治体による「ソーシャルイノベーションのためのデザイン」実践にむけた推進体制とプロセスの検討,” デザイン科学研究, vol. 3, pp. 45–69, 2024.

[9] G. Mulgan, “Design in public and social innovation: What works and what could work better,” Nesta, Jan. 2014.

[10] →第2章[21], 第4章[7]

[11] →第1章[3]

方針)」と「施策(政策で提示された将来像や基本的方針を実現するための具体的方針や対策)」を意味するものとし、事業は「施策で提示された具体的方針や対策を実現するための具体的な手段や活動」を意味するもの、つまり予算要求ができる粒度の政策を事業としています。
[9] Queensland Government, "Human-centred design in Queensland Government toolkit." Oct. 2018.
[10] →第1章[26]
[11] →第1章[3]
[12] →第1章[27]
[13] →第1章[3]
[14] →第1章[23]
[15] →[4]
[16] J. M. Lewis, M. McGann & E. Blomkamp, "When design meets power: design thinking, public sector innovation and the politics of policy-making," in Policy-Making as Designing, Policy Press, 2023, pp. 125–150.
[17] K. Dorst, "The core of 'design thinking' and its application," Design Studies, vol. 32, no. 6, pp. 521–532, 2011.
[18] Design Commission, "Restarting Britain 2," Feb. 2013.
[19] Service Design Network, "Service Design Impact Report: Public Sector," Service Design Network, 2016.
[20] J. Body, "Design in the Australian Taxation Office," Design Issues, vol. 24, no. 1, pp. 55–67, 2008.
[21] J. Starostka, A. de Götzen & N. Morelli, "Design thinking in the public sector – a case study of three Danish municipalities," Policy Design and Practice, pp. 1–12, 2022.
[22] M. van der Bijl-Brouwer, "Problem Framing Expertise in Public and Social Innovation," She Ji: The Journal of Design, Economics, and Innovation, vol. 5, no. 1, pp. 29–43, 2019.
[23] →第1章[13]
[24] A. Whicher & P. Swiatek, "Rise of the policy designer—lessons from the UK and Latvia," Policy Design and Practice, vol. 5, no. 4, pp. 466–482, 2022.
[25] A. Whicher, "AHRC Design Fellows Challenges of the Future: Public Policy," 2020.
[26] →[9]

## 第3章

[1] 滋賀県, "多言語対応の取り組みについて," 2018.
[2] 日本放送協会, "デザインあneo." https://www.nhk.jp/p/ah-neo (accessed Jan. 24, 2024)
[3] ジェームス・W・ヤング, アイデアのつくり方. CCCメディアハウス, 1988.
[4] 中川政七商店の読みもの,「能面」の意味と種類。笑ったり泣いたり、実は表情豊かな能面の秘密. https://story.nakagawa-masashichi.jp/29148 (accessed Jan. 24, 2024)

## 第4章

[1] ティム・ブラウン,『デザイン思考が世界を変える:イノベーションを導く新しい考え方[アップデート版]』. 早川書房, 2019.

[25] E. B.-N. Sanders & P. J. Stappers, "From designing to co-designing to collective dreaming: three slices in time," Interactions, vol. 21, no. 6, pp. 24–33, 2014.
[26] P.-A. Hillgren, A. Seravalli, & A. Emilson, "Prototyping and infrastructuring in design for social innovation," CoDesign, vol. 7, no. 3–4, pp. 169–183, 2011.
[27] E. Manzini, "Making Things Happen: Social Innovation and Design," Design Issues, vol. 30, no. 1. pp. 57–66, 2014.
[28] E. Manzini & E. Staszowski, "Public & Collaborative: Exploring the Intersection of Design, Social Innovation and Public Policy," DESIS Network, 2013.
[29] 青尾謙, "ソーシャルイノベーション理論の展開と課題―日欧米の比較分析を中心に," 国際日本研究, no. 10. pp. 103–119, 2018.
[30] →[26]
[31] M. Potts, "Social Innovation Comes to Pennsylvania Avenue," Stanford Social Innovation Review, vol. 15, no. 2, pp. 20–27, 2017.
[32] M. Ferreira & A. Botero, "Experimental governance? The emergence of public sector innovation labs in Latin America," Policy Design and Practice, vol. 3, no. 2, pp. 150–162, 2020.
[33] Nesta, "Innovation Teams and Labs A Practice Guide," Nesta, 2014.
[34] 松岡清志, "デンマークの公共部門におけるデザイン思考の実践：クリスチャン・ベイソン氏講演内容より," 行政＆情報システム, vol. 55, no. 3, pp. 8–13, 2019.
[35] B. Boyer, "Helsinki Design Lab Ten Years Later," She Ji: The Journal of Design, Economics, and Innovation, vol. 6, no. 3, pp. 279–300, 2020.
[36] "About Policy Lab." https://openpolicy.blog.gov.uk/about/ (accessed Jan. 24, 2024)
[37] 特許庁, "特許庁はデザイン経営を推進しています," Jul. 20, 2023. https://www.jpo.go.jp/introduction/soshiki/design_keiei.html (accessed Apr. 17, 2023).
[38] JAPAN+Dプロジェクトチーム, "人に寄り添うやさしい政策へ―政策立案におけるデザインアプローチの可能性," 2023.
[39] 福井県, "県民主役の新たな県政運営スタイル『政策オープンイノベーション』," Jun. 2021.

## 第2章

[1] 中山郁英・岡本晋, "政策をデザインするとはどういうことか？―デザイン学と行政学・公共政策学における視点の整理," デザイン科学研究, vol. 3, pp. 187–213, 2024.
[2] L. Salinas, "Designing for local policy: exploring preferable futures in the UK," Policy Design and Practice, pp. 1–13, 2022.
[3] B. Guy Peters, "Designing institutions for designing policy," in Policy-Making as Designing, Policy Press, 2023, pp. 151–170.
[4] K. Olejniczak, S. Borkowska-Waszak, A. Domaradzka & Y. Park, "Policy Labs: the next frontier of policy design and evaluation?," in Policy-Making as Designing, Policy Press, 2023, pp. 98–124.
[5] 秋吉貴雄・伊藤修一郎・北山俊哉,『公共政策学の基礎』. 有斐閣, 2020.
[6] →[5]
[7] →[5]
[8] 本章で政策という用語を使う場合は、「狭義の政策（特定の課題に対応するための将来像や基本的

# 出典／注釈一覧

## 第1章


[1] ハーバート・A・サイモン,『システムの科学〔第3版〕』. パーソナルメディア, 1999.

[2] →[1]

[3] E. Manzini, "Design, When Everybody Designs: An Introduction to Design for Social Innovation." The MIT Press, 2015.

[4] 経済産業省, “デザイン政策ハンドブック2020,” 2020.

[5] “The Squiggle.” https://thedesignsquiggle.com/ (accessed Jan. 24, 2024)

[6] “Framework for Innovation.” https://www.designcouncil.org.uk/our-resources/framework-for-innovation/ (accessed Jan. 24, 2024)

[7] Stanford d.school, “Design Thinking Bootleg,” 2018.

[8] →[3]

[9] E. Manzini, “Social innovation and design: Enabling, replicating and synergizing,” in The Social Design Reader, E. Resnick, Ed., Bloomsbury Publishing, pp. 403–416, 2015.

[10] →[3]

[11] 「Volatility：変動性」、「Uncertainty：不確実性」、「Complexity：複雑性」、「Ambiguity：曖昧性」の4つの単語の頭文字をとった造語。

[12] 上平崇仁,『コ・デザイン: デザインすることをみんなの手に』. NTT出版, 2020.

[13] E. B.-N. Sanders & P. J. Stappers, “Co-creation and the new landscapes of design,” CoDesign, vol. 4, no. 1, pp. 5–18, 2008.

[14] 渡辺保史,『Designing ours「自分たち事」のデザイン：これからの個人・コミュニティ・社会』. 2018.

[15] 上平崇仁, “2017 日本デザイン学会秋季企画大会 テーマ討論会「共創・当事者デザイン」補足資料 当事者デザインをめぐる枠組みについて,” 2017.

[16] 須永剛司,『デザインの知恵：情報デザインから社会のかたちづくりへ』. フィルムアート社, 2019.

[17] マーク・スティックドーン, アダム・ローレンス, マーカス・ホーメス & ヤコブ・シュナイダー,『THIS IS SERVICE DESIGN DOING.：サービスデザインの実践』. ビー・エヌ・エヌ新社, 2020.

[18] F. Collopy & R. J. Boland, "Managing as Designing." Stanford University Press, 2004.

[19] 安藤拓生・八重樫文, “デザイン態度(Design Attitude)の概念の検討とその理論的考察,” 立命館経営学, vol. 55, no. 4, pp. 85–111, 2017.

[20] M. V. Amatullo, “Design Attitude and Social Innovation: Empirical Studies of the Return on Design.” Case Western Reserve University, 2015.

[21] R. Buchanan, “Wicked Problems in Design Thinking,” Design Issues, vol. 8, no. 2, pp. 5–21, 1992.

[22] 内閣官房IT総合戦略室,『デジタル・ガバメント実行計画（初版）』.” Jan. 2018.

[23] 中山郁英・水野大二郎, “行政組織におけるデザイン実践とその背景,” デザイン学研究, vol. 68, no. 2, pp. 2_43–2_50, 2021.

[24] R. Mazé, “Our Common Future? Political questions for designing social innovation,” in DRS Biennial Conference Series, Lim, Y., Niedderer, K., Redström, J., Stolterman, E. & Valtonen, A., Ed., 2014.

## 中山郁英（なかやま　いくえい）

合同会社kei-fu共同創業者・プロジェクトマネージャー／立命館大学デザイン科学研究センター客員研究員

滋賀県長浜市生まれ。大学卒業後、トヨタ自動車、コンサルティング会社、東京大学 i.school スタッフ等を経て、2017年より活動拠点を滋賀県長浜市に移す。合同会社kei-fu（ケイフー）プロジェクトマネージャーとして主に行政や歴史ある組織と協働。並行し「行政とデザイン」をテーマに研究。

京都工芸繊維大学大学院デザイン学専攻博士後期課程修了、博士（学術）。総務省地域力創造アドバイザー。社会教育士。

行政×デザイン 実践ガイド
官民連携に向けた協働のデザイン入門

2024年7月15日　初版第1刷発行

著者　中山郁英
発行人　上原哲郎
発行所　株式会社ビー・エヌ・エヌ
〒150-0022 東京都渋谷区恵比寿南一丁目20番6号
Fax：03-5725-1511
E-mail：info@bnn.co.jp
www.bnn.co.jp
印刷・製本　シナノ印刷株式会社
デザイン　青松基、上原あさみ（sukku）
イラスト　上原あさみ（sukku）
図版　若栗春乃
編集　村田純一


ISBN978-4-8025-1291-6
Printed in Japan